BITCOINOMICS
UMA HISTÓRIA DE REBELDIA

DANIEL DUARTE

BITCOINOMICS
UMA HISTÓRIA DE REBELDIA

Prefácio de
HELIO BELTRÃO

São Paulo | 2021

Impresso no Brasil, 2021

Título BITCOINOMICS - Uma História de Rebeldia
Copyright © 2020 Daniel Duarte

Os direitos desta edição pertencem à LVM Editora
Rua Leopoldo Couto de Magalhães Júnior, 1098, Cj. 46
04.542-001 • São Paulo, SP, Brasil
Telefax: 55 (11) 3704-3782
contato@lvmeditora.com.br • www.lvmeditora.com.br

Editor Responsável | Alex Catharino
Gerente Editorial | Giovanna Zago
Editor | Pedro Henrique Alves
Copidesque | Chiara Di Axox
Revisão ortográfica e gramatical | Márcio Scansani / Armada / Chiara Di Axox
Preparação dos originais | Alex Catharino & Pedro Henrique Alves
Revisão final | Giovanna Zago
Elaboração do índice | Márcio Scansani / Armada
Produção editorial | Alex Catharino
Capa e projeto gráfico | Mariangela Ghizellini
Diagramação e editoração | Thais Chaves / BR75
Pré-impressão e impressão | Rettec Artes Gráficas e Editora Ltda

---

Dados Internacionais de Catalogação na Publicação (CIP)
Angélica Ilacqua CRB-8/7057

D871b   Duarte, Daniel

          Bitcoinomics : uma história de rebeldia / Daniel Duarte; prefácio de Helio Beltrão ; posfácio de João Paulo Oliveira. — São Paulo : LVM Editora, 2021.
          240 p.

          Bibliografia
          ISBN 978-65-86029-21-5

          1. Bitcoin 2. Transferência eletrônica de fundos 3. Economia I. Título II. Beltrão, Helio III. Oliveira, João Paulo.

21-0836   CDD 332.178

Índices para catálogo sistemático:
1. Bitcoin 332.178

Reservados todos os direitos desta obra. Proibida toda e qualquer reprodução integral desta edição por qualquer meio ou forma, seja eletrônica ou mecânica, fotocópia, gravação ou qualquer outro meio de reprodução sem permissão expressa do editor. A reprodução parcial é permitida, desde que citada a fonte.

Esta editora empenhou-se em contatar os responsáveis pelos direitos autorais de todas as imagens e de outros materiais utilizados neste livro. Se porventura for constatada a omissão involuntária na identificação de algum deles, dispomo-nos a efetuar, futuramente, os possíveis acertos.

SUMÁRIO

AGRADECIMENTOS
- 13 -

PREFÁCIO
Helio Beltrão
- 15 -

INTRODUÇÃO
- 23 -

PARTE I
A TOCA DO COELHO
- 27 -

Capítulo 1
A Entrada na Toca do Coelho
- 31 -

Capítulo 2
Dinheiro 3.0
- 41 -

2.1 - Mamutes, Rodas de Pedra e Conchas
- 42 -
2.2 - Gerenciamento centralizado de dinheiro com moedas
- 44 -
2.3 - Do metal ao papel
- 45 -
2.4 - Ouro dos tolos
- 46 -
2.5 - Sistema monetário moderno
- 48 -

Capítulo 3
O Coelho
- 53 -

3.1 - Um ou muitos
- 54 -

3.2 - Seguindo a pista
- 56 -

3.3 - Quando dá azar ser um homônimo
- 57 -

3.4 - "Eu sou o Coelho!"
- 58 -

3.5 - Um tecno-homem poderia ser também outro tecno-homem
- 60 -

3.6 - Quanto ao seu patrimônio
- 62 -

Capítulo 4
4. Anatomia do *White Paper*
- 67 -

4.1 - *Abstract*
- 68 -

4.2 - A Introdução
- 70 -

4.3 - As Transações
- 71 -

4.4 - O Servidor de carimbo de data / hora
- 72 -

4.5 - A Prova de trabalho — *Proof of Work* — Proteção *Anti-spam*
- 73 -

4.6 - A Rede
- 75 -

4.7 - O Incentivo
- 77 -

4.8 - Recuperando espaço em disco
- 78 -

4.9 - A verificação de pagamento simplificada
- 79 -

4.10 - Combinando e dividindo valor
- 80 -
4.11 - Os Cálculos
- 81 -

Capítulo 5
Que Comece a Jornada
- 85 -

PARTE II
SKIN IN THE GAME
- 89 -

Capítulo 6
Antes de tudo, por quê?
- 93 -

Capítulo 7
Bem-vindos, Futuros Investidores
- 105 -

7.1 - Informações de Mercado e Corretagem
- 108 -
7.2 - Carteira para guardar a criptomoeda
- 109 -
7.3 - Carteiras quentes e frias
- 110 -
7.4 - *Desktop*, *On-line* ou *Web*, Móvel, *Hardware*
- 110 -
7.5 - Resumo
- 111 -
7.6 - Sistema de Segurança
- 112 -

Capítulo 8
De pé, *Traders*!
- 117 -

8.1 - *Trading* x Investimento
- 118 -

8.2 - Métodos de Negociação
- 119 -

8.3 - Métodos de Análise: Fundamental x Técnica
- 121 -

8.4 - Compreendendo os Termos de Negociação Bitcoin
- 122 -

8.5 - Erros comuns de negociação
- 127 -

PARTE III
VIDA DE MÁGICO
- 131 -

Capítulo 9
Lei e Ordem
- 135 -

Capítulo 10
Derrubando Mitos
- 145 -

10.1 - *Bitcoin* é muito caro
- 146 -

10.2 - *Bitcoin* nunca será dinheiro
- 147 -

10.3 - *Bitcoin* não é seguro, *exchanges* são constantemente *hackeadas*
- 148 -

10.4 - *Bitcoin* será superado por outra criptomoeda
- 148 -

10.5 - *Bitcoin* é ruim para o Meio Ambiente
- 149 -

10.6 - *Bitcoin* é uma bolha
- 150 -

10.7 - O Governo pode destruir *bitcoin*
- 151 -
10.8 - *Bitcoin* não pode existir sem a *Internet*
- 151 -
10.9 - Somente criminosos e traficantes usam *bitcoin*
- 152 -
10.10 - *Bitcoin* não tem valor
- 152 -

Capítulo 11
Backstage
- 157 -
11.1 - Quem está envolvido
no desenvolvimento da rede Bitcoin?
- 158 -
11.2 - Desenvolvedores e patrocinadores
- 161 -
11.3 - As principais vantagens
- 162 -
11.4 - Como meio de pagamento alternativo
- 162 -
11.5 - Opção para um cartão de débito
- 163 -
11.6 - Como um registro de transação permanente
- 163 -
11.7 - No lugar de moeda fiduciária
- 164 -
11.8 - Quais são, portanto, as desvantagens do Bitcoin?
- 165 -
11.9 - As Pirâmides
- 165 -
11.10 - *Exchanges* Golpistas
- 165 -
11.11 - Carteiras fraudulentas
- 166 -
11.12 - Mineração
- 166 -

Capítulo 12
Volatilidade
- 171 -

12.1 - Razões da volatilidade
- 173 -

12.2 - Tamanho do mercado
- 173 -

12.3 - Regulamentação
- 173 -

12.4 - Notícias
- 174 -

12.5 - Mudanças no humor do mercado
- 174 -

12.6 - Distribuição de fundos
- 174 -

12.7 - Como usar a volatilidade
- 174 -

Capítulo 13
Pain and Gain
- 179 -

13.1 - *Bitcoin* pode não ser uma solução
- 182 -

13.2 - Emergência de valor
- 184 -

13.3 - Quais são os próximos passos?
- 186 -

Capítulo 14
Não há Futuro, há Opções
- 189 -

14.1 - A figura da caixa
- 190 -

14.2 - O Futuro
- 192 -

PARTE IV
GUIA TURÍSTICO DA TOCA DO COELHO

Sites de informação sobre o universo *crypto*
- 199 -
Nacionais
- 199 -
Internacionais
- 199 -

Sites de preço de *Bitcoin*
- 201 -
Nacionais
- 201 -
Internacionais
- 201 -

Canais do *YouTube*
- 203 -
Nacionais
- 203 -
Internacionais
- 203 -

Imposto de Renda no Brasil
- 205 -

Fatos Históricos sobre Bitcoin
- 207 -
Projetos Pré-Bitcoin
- 207 -

Carteiras
- 209 -

Dados e Informações Periféricas
- 211 -

Glossário Bitcoin
- 213 -

Glossário *trader* para *bitcoiners*
- 221 -

Bibliografia
- 225 -

POSFÁCIO
João Paulo Oliveira
- 227 -

ÍNDICE REMISSIVO E ONOMÁSTICO
- 231 -

AGRADECIMENTOS

Este livro é a realização de um sonho. Como nenhum sonho se constrói sozinho, o meu primeiro agradecimento é à minha esposa Karen, que compartilhou comigo muito do que relatarei aqui, e à minha filha Bia, que partilhará do exemplo — espero.

Sou uma pessoa que quer ser útil para a sociedade e que acredita que as ambições baseadas no Ego, e não no exemplo, são vazias *per se*. Portanto, criei o meu canal no YouTube com objetivo de desmistificar o Bitcoin e levar o assunto de forma simples. Dessa maneira, busquei um propósito e pude me sentir como um professor universitário, ainda que tenha consciência que uma pessoa como eu, antissistema, *gauche* por natureza, dificilmente teria — ou terá — espaço nas universidades brasileiras, que, via de regra, são pautadas pelo Passado e pouco abertas às inovações — inclusive, esse modelo de instituição de setecentos anos, na Europa, e de mais de um milênio, no Oriente, têm sido colocado à prova.

Ao escrever este livro busco também agradecer a todas as pessoas que me ensinaram o básico, como as minhas avós Dorita e Maria José, que me ensinaram o que são a leitura e o amor; o meu avô José e seus incontáveis predicados; os meus pais, que me deram liberdade, dedicação e muita paciência; o meu irmão, que sempre esteve ao meu lado; os meus melhores amigos que, mesmo sem me entenderem, nunca deixaram de me amar.

Faço um especial agradecimento aos meus professores, desde os da Educação Infantil aos do Mestrado. Para mim, a classe dos professores é a das mais nobres dentre as da espécie humana por ser, em essência, composta pelos amantes da geração e da transmissão de conhecimento; por isso, a eles dedico o meu mais profundo carinho.

Daniel Duarte

PREFÁCIO

Neste início de 2021, momento no qual o mundo começa a superar a pandemia via vacinação em massa, o *bitcoin* se tornou contagiante ao pequeno investidor. A presença de importantes investidores institucionais como o fundo Grayscale Bitcoin Trust (ETF), companhias abertas como Tesla e Microstrategy, e facilitadores como a Mastercard, está provocando *frisson* em investidores propensos a apostas especulativas. O interesse crescente aumentou tanto a liquidez quanto os preços. Os grandes investidores agora detêm cerca de US$70 bilhões, pouco menos de 10% da oferta total. Estamos presenciando o nascimento de uma nova classe de ativos: as criptomoedas, capitaneadas pelo *bitcoin*.

As classes de ativos tradicionalmente líquidas são, há alguns séculos: caixa, ações, títulos de dívida, *commodities*, moedas, e alguns veículos de investimento imobiliário. O *bitcoin*, cujo valor de mercado acaba de beirar US$1 trilhão (substancialmente mais que o valor de mercado de todas as ações que compõem o Ibovespa), tem agora liquidez e poder de diversificação suficientes para justificar uma participação modesta na carteira de investidores de qualquer perfil, do pequeno e arrojado aos grandes fundos de pensão.

Desde o início da minha jornada no tema em 2013, me considero um maximalista *bitcoin*. Tenho sustentado que, caso uma criptomoeda descentralizada venha a ser amplamente aceita na sociedade no futuro, esta necessariamente será o *bitcoin*. Me restrinjo aqui ao universo de criptomoedas cujo propósito é o de exercer funções de moeda: reserva de valor e/ou meio de troca. Há muitas centenas de criptoativos com propósitos distintos, como integrar *blockchains*, gerenciar contratos e aplicativos, validar títulos, ou facilitar pagamentos para nichos. Estes têm outros "sabores" e não são integralmente comparáveis ao *bitcoin*. A genial inovação de 2009 do ainda incógnito Satoshi Nakamoto se posiciona como competidora e alternativa às moedas fiduciárias, ou moedas *"fiat"*, tais como o dólar, o euro, ou real. É um bem escasso (oferta limitada) e rival (cada bitcoin só pode ser detido por um dono), digital, integralmente descentralizado (ninguém o gerencia), e sobretudo imune a qualquer manipulação de sua oferta por força da robusta arquitetura e lógica que o suporta. Hoje, a oferta de *bitcoin* cresce aproximadamente o mesmo que a oferta de ouro, pouco menos de 2% ao ano. No futuro a oferta de *bitcoin* se congelará: não haverá mais crescimento.

Poucos compreendem que, ao contrário do caso de bananas ou serviços de limpeza, um aumento da oferta de meio de troca não agrega valor social . O dinheiro é um bem especial, com características contra-intuitivas, que descreverei abaixo.

De forma geral, todos percebem que Venezuela e Zimbabwe seriam os países mais prósperos do mundo caso fora verdadeira a tese de que aumentos de oferta de dinheiro conferem valor social. Sociedades ricas, por outro lado, possuem moedas fortes ao longo das décadas.

A moeda, defendia o fundador da Escola Austríaca de Economia, Carl Menger (1840-1921), é primordialmente um meio de troca. Ou, poderíamos dizer, um facilitador de trocas, escolhido espontaneamente entre os bens já comercializados para melhorar a lógica dos intercâmbios e do comércio, vitais para a vida em sociedade. Imagine a complexidade de operar trocas no mundo de hoje sem um meio de troca como facilitador: um fazendeiro entregaria dois bois em troca de um *smartphone* de última geração, ou tantos quilos de açúcar e sal por mês pelo serviço de *internet*.

O mais exitoso meio de troca é elevado ao *status* de *moeda*, ou no uso comum, *dinheiro*: o meio de troca mais geralmente aceito em determinada sociedade ou jurisdição. Governos de quase todas as épocas compreenderam o poder de manipular nosso dinheiro. Os escolásticos tardios, especialmente o padre jesuíta Juan de Mariana (1536-1624), no seu tratado *De Monetae Mutatione* [Sobre a Alteração da Moeda], que aborda as alterações da moeda, chega à conclusão de que essa adulteração da moeda — que hoje nós chamamos de inflação — nada mais é do que um imposto disfarçado. É o imposto mais perverso, que nem exige aprovação do Parlamento. É um imposto arbitrário. É um imposto tácito. É um imposto obscuro. É um imposto quase invisível.

Adicionalmente, a moeda é apenas um referenciador de preços e, portanto, qualquer quantidade de moeda é capaz de fazer frente a todas as transações da economia, especialmente se for divisível. Portanto, não é necessário criar mais moeda. Os preços se ajustam à quantidade de moeda presente, sem que seja necessário adulterar a moeda para comportar o número de intercâmbios, ou o interesse das pessoas nas atividades econômicas de sua necessidade.

Gastos da coroa, financiamento de guerras, política de "pão e circo" e auxílios pecuniários a currais eleitorais são alguns dos benefícios auferidos pelos governantes ao adulterarem nosso dinheiro pela inflação.

Entretanto, o governo não consegue distribuir mais bens e serviços à população: na verdade apenas distribui mais dinheiro. Alguns recebem mais dinheiro e podem comprar mais produtos e serviços que outros deixam de consumir por conta do aumento de preços. No final do dia, é um jogo de "rouba-montes". E as demandas por mais distribuição continuam e são carreadas para os próximos processos eleitorais, sucessivamente.

Por que é importante que a moeda não seja adulterada? Essa é a questão central do *bitcoin* e de *Bitcoinomics*, no qual Daniel Duarte destrincha primorosamente esta solução engenhosa, o *bitcoin*.

A história da moeda é a história das usurpações e abusos que os governos cometeram com nosso dinheiro. À medida que avançaram os séculos as justificativas dos inflacionistas ficaram mais sofisticadas. Vivemos em um mundo de clara vitória do argumento inflacionista: os bancos centrais têm mandato para manipular nosso dinheiro e o nível de crédito da sociedade em nome da "estabilidade da moeda", da "estabilidade do sistema financeiro", "para suavizar ciclos econômicos", "para gerar pleno emprego". Nosso Congresso Nacional acaba de aprovar uma lei de independência do Banco Central, mas que preocupantemente passa a permitir a busca de todas as metas citadas na frase anterior em lugar da perseguição exclusiva de uma meta de inflação, que banqueiros centrais chamam de "estabilidade de preços". Por sinal, a prática da promessa de estabilidade de preços equivale no tráfego aéreo a se comprometer em estabilizar a aeronave a 30.000 pés, mas na verdade seguir subindo até a estratosfera, perdendo a sustentação. Para a boa ciência econômica, os bancos centrais, em vez de contribuir com as metas acima, tendem a ser destruidores destas.

Desde a crise de 2008, vivemos o experimento monetário mais surreal da história. Segundo os balanços dos bancos centrais (que representam uma das métricas do dinheiro existente), a quantidade de dinheiro subiu entre 6 a 10 vezes nos Estados Unidos, no Reino Unido, no Japão e na zona do euro. Desde a crise, as taxas de juros de curto prazo foram reduzidas a virtualmente zero, uma heroína financeira que tem distorcido o risco e sustentado artificialmente atividades improdutivas. Com a chegada da pandemia, o fenômeno foi acelerado. Vinte por cento de todo o dinheiro (usando a métrica do "M2") criado desde a fundação dos Estados Unidos ocorreu em 2020.

Não chega a ser surpreendente, portanto, a resiliência na atratividade deste meio de troca inovador, residente "na nuvem", intangível mas real. O *bitcoin* já é uma força cultural determinante entre os poupadores, os mais prejudicados pela destruição inflacionária. Também é entre os entrantes no mercado de trabalho. Nunca, por exemplo, o sonho da casa própria foi tão inacessível a estes por conta dos altos preços de imóveis nos grandes centros urbanos.

Hoje, todas as moedas são emitidas por governos que adulteram suas moedas de forma continuada. Como disse antes, a solução de Satoshi Nakamoto, por meio do *bitcoin*, foi um meio de troca descentralizado impossível de ser adulterado. Sem dúvida, o bitcoin pode ser furtado, como qualquer outra moeda — se alguém rouba a sua senha, por conseguinte, rouba o seu *bitcoin*. Pode também ser taxado pelos governos, o que já ocorre. Pode inclusive ser usado como reserva em um sistema de reservas fracionárias, seja por um banco emissor ou um banco central. Mas o *bitcoin* em si tem a criptografia e a arquitetura da rede a seu lado contra sua adulteração intrínseca, e isto não pode ser alterado por governo algum.

O desafio que resta, portanto, é se essa criptomoeda passará ou não a ser mais aceita, a ponto de se tornar uma moeda que possa competir com as principais em termos de adoção — tais como o dólar, o euro e as demais principais moedas do mundo. O *bitcoin* só poderá um dia suplantar as moedas estatais se tiver um crescimento pujante e continuado de uso em intercâmbios. Caso contrário, permanecerá um ativo financeiro, de ordem especulativa, que poderá ou não vingar na função de reserva de valor, dependendo de sua volatilidade contra bens reais.

Um desafio é o Estado. Já passamos do ponto além do qual o Estado teria êxito em proibir o *bitcoin*. No entanto, o Estado tem suficiente poder de inibir a adoção do *bitcoin*. Embora não interfira diretamente na criptomoeda, interfere nos pontos de contato da moeda fiat com o *bitcoin*. Por exemplo, nas *exchanges* que trocam fiat por *bitcoin* e vice-versa. Pode também causar constrangimentos, fazer ameaças, aplicar impostos e exigências de declarar, ou multar pessoas que transacionem ou detenham *bitcoins*.

Chamou-me atenção, de maneira muito positiva, que Daniel Duarte, também um maximalista, tenha dedicado desde o início, tempo e dinheiro em entender profundamente o *bitcoin*.

Impressionou-me sua astúcia ao focar nos aspectos mais impactantes à sociedade. Corretamente não olhou para os pneus deste carro, como podemos enxergar o *blockchain*, nem para o estofado, que seriam outros criptoativos voltados a armazenamento de dados, ou outro tipo de eficiência de mercado, mas olhou para o motor, ou seja, as condições necessárias à prosperidade social. O mérito do livro do Daniel Duarte, portanto, é esta prioridade: o foco no *bitcoin*.

A obra é, ao mesmo tempo, abrangente, clara e simples de entender. É um manual para se investir em *bitcoin* e para ter tanto uma compreensão filosófica quanto para efetuar aplicações financeiras.

Conforme descreve o autor, a moeda já é eletrônica há muitas décadas — em *bits* de computador, em telas de caixas eletrônicos. Mas as transferências entre bancos eram lentas e cara. O mui antiquado DOC, por exemplo, exige um dia para completar. Piora no caso de remessas internacionais, com sua burocracia. O *bitcoin* passou desde 2015 a ser a opção preferencial das diásporas para remessas internacionais, devido a sua vantagem como "dinheiro de *internet*".

Os bancos centrais do mundo não estão parados. As "Central Bank Digital Currencies" (CBDCs) estão sendo implementadas gradualmente. O primeiro passo na direção do Real digital é a solução de pagamentos Pix, que tem tido adoção acelerada.

Ou seja, os bancos centrais estão tardiamente copiando o *bitcoin*, vislumbrado no *white paper* de 2008. Porém, os bancos centrais permanecerão com a falha fatal: uma moeda centralizada, controlada por burocratas.

A validade do *bitcoin* como proposta de valor para o usuário, portanto, segue intacta. Não se trata apenas de um vetor de eficiência em pagamentos ou para facilitar transações internacionais e sim de um candidato a moeda privada, que tem se valorizado pelos abusos crescentes dos bancos centrais.

Há uma dinâmica dupla: à medida em que o *bitcoin* avança em termos de adoção, mais valor agrega; e à medida em que os bancos centrais criem mais dinheiro, mais o *bitcoin* tende a se valorizar em preço. Por outro lado, se o Fed subir a taxa de juros e reverter boa parte do afrouxamento quantitativo criado (*quantitative easing*) e, se o ritmo de adoção em transações for modesto, a percepção de valor tenderá a crescer menos e eventualmente ensejará uma queda de preços.

O teorema da regressão de Ludwig von Mises (1881-1973) mostra que, na verdade, o dinheiro atual teve como origem um bem muito demandado pelo mercado, que só posteriormente se tornou um puro meio de troca, de crescente abstração. O futuro do *bitcoin* depende do que chamo de "teorema da progressão". Brincadeiras à parte, a progressão é a seguinte: você acredita que, um dia, o *bitcoin* será a moeda adotada pelo mundo? Qual o caminho para isto se tornar verdade? Você entende os riscos disso? Faria sentido uma aposta especulativa se acreditar que o *bitcoin* se tornará um meio de troca cada vez mais líquido, a ponto de destronar as principais moedas. Se isso não ocorrer, no final do dia o *bitcoin* pode se desvalorizar substancialmente. Pode ser, claro, que você ganhe no meio do caminho, como em qualquer ativo especulativo. O mais importante é que o leitor de *Bitcoinomics* estará bem posicionado para contextualizar, formular e responder tais questões.

Helio Beltrão

INTRODUÇÃO

Você já quis ser invisível por um minuto?

Eu sim, pelo menos, desde a tenra idade; bem antes da capa de invisibilidade do Harry Potter.

Aos onze anos, muito orgulhoso por ter sido peça-chave para que o time da minha classe vencesse a Olimpíada de Matemática do Colégio Magno, em São Paulo, entrei na sala de aula certo de que seria cumprimentado pelos meus colegas. O que eu ouvi, no entanto, foi um coro estridente que gritava:

— *Cabeção! Cabeção! Cabeção!*

Estudava naquela escola há pouco tempo e, ao contrário deles, que vinham integrados há anos, não ficava completamente à vontade. Eu era também uma figura muito estranha para a média física dos alunos da sala — alto demais, grande demais, tudo "demais" para a idade. Portanto, como ainda não tinha formado amizades, achava que a vitória me daria isso. Foi então que me vi como o centro das atenções, mas não conseguia entender o motivo dos xingamentos, afinal, no dia anterior, havia ganho um título para minha classe do terceiro ano do primário.

Durante muito tempo, eu me perguntei se a reação dos meus colegas à minha chegada havia sido um elogio, porque eles poderiam estar se referindo a mim com uma expressão típica da década de 1990, "cabeça", que era sinônimo de inteligente; ou se era realmente *bullying* pré-adolescente. Depois, constatei que tanto fazia qual era a intenção da turma, pois sempre fui "desencaixado". Sendo assim, duas percepções importantes decorreram dessa experiência. A primeira foi que comecei a entender a minha constante predileção por perguntas difíceis. A segunda foi a de conviver com a certeza interna de que não importa qual era a intenção dos colegas. Essa certeza não se tornou apenas relevante, mas parte constituinte da minha personalidade — além de ser libertador, pois ser "cabeçudo" haveria de me dar futuras vantagens.

O fato de não perceber o sistema de forma binária e/ou linear não significa rebeldia em si. Peço que você mesmo reflita sobre a sua visão de mundo ao se perguntar: o quanto podemos ser inovadores e conservadores, ao mesmo tempo? O mundo é realmente preto ou branco?

Talvez você seja o investidor tradicional, propenso a escolher opções consolidadas e relativamente previsíveis. Quem sabe, você tenha cursado uma faculdade renomada e centenária?! Muito provavelmente, você lê mais as notícias do Passado, aquelas que contam o que já aconteceu, do que as previsões do Futuro. Ou confia menos nas estimativas e mais naquilo que se apresenta no momento — é exatamente este o meu caso, mas sem o compromisso de me fixar apenas nisso.

O que eu descobri, no final de 2016, mudou a minha vida financeira. A base para isso, contudo, foi uma educação formal, tanto familiar quanto acadêmica, com fundamentos em teorias tão absolutas, que governam o mundo até agora e, imagino, que continuarão por mais algum tempo.

Através das frestas dos conceitos sólidos, ou das primeiras impressões, foi possível antever uma dinâmica que já permeia a sociedade, no mundo todo, e que vai se chocar com o mercado tradicional em algum momento da curva: o *Dinheiro 3.0*.

Poderia, inclusive, apontar que os "encaixados" terão dificuldade com a transição, enquanto os "desencaixados" já estão promovendo a mudança.

Não quero que você tenha dilemas pessoais e pule a parte de fazer escolhas entre a inovação e a tradição. Não é preciso escolher nada. É necessário, no entanto, entender como o *Dinheiro 3.0* funciona e fazer o melhor possível com essa informação.

Este não é mais um livro sobre Bitcoin. Não espere linguagem rebuscada, termos técnicos que mais confundem do que explicam e, muito menos, aquilo que eu não poderia oferecer — porque não tenho apego: complexidade. Sou um árduo defensor da Navalha de Ockham, um postulado que argumenta que, na dúvida, é melhor admitir que a saída mais simples será a escolhida. Em suma, vejo beleza na simplicidade.

Apesar de esbarrar em conceitos, fundamentos e teorias relacionadas ao assunto, todo o meu objetivo consiste em mostrar a você qual o caminho que escolhi para destrinchar o tema, a partir da entrada na Toca do Coelho do Bitcoin; em seguida, explicar como as operações no mundo do Bitcoin ocorrem, não através do ponto de vista de alguém que leu sobre o assunto, mas mostrando como eu mesmo faço e, por fim, proponho que pensemos juntos, num exercício de previsão e leitura de padrões, sobre as opções de possíveis Futuros.

Daniel Duarte

PARTE I
A TOCA DO COELHO

CAPÍTULO 1

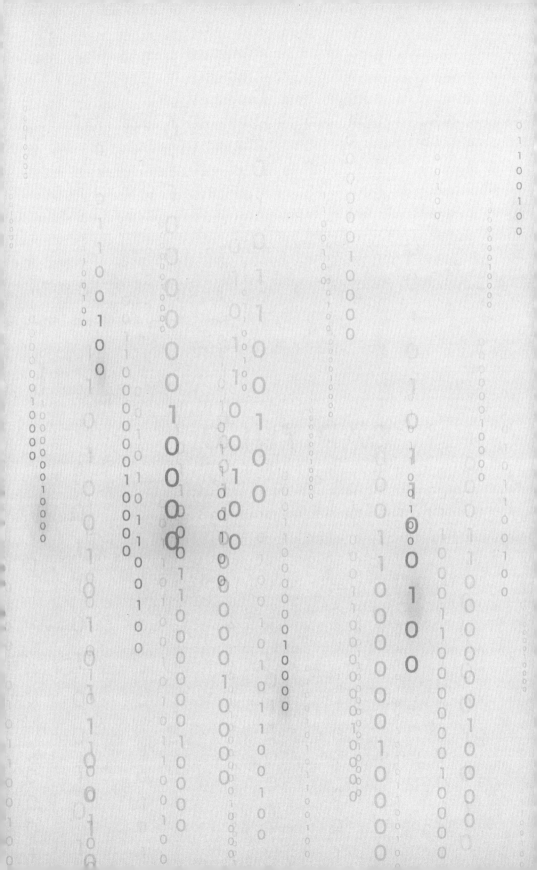

A ENTRADA NA TOCA DO COELHO

"A toca do coelho era estreita como um túnel no começo e então se inclinava subitamente para baixo, tão subitamente que Alice não teve nem tempo de pensar em parar antes de ver-se caindo em um poço bem profundo.

Ou o poço era muito profundo, ou ela caiu muito lentamente, pois teve tempo o bastante enquanto caía para olhar ao seu redor e se perguntar o que aconteceria em seguida".

Lewis Carroll. *Alice no País das Maravilhas*

Acredito que deva começar contando a minha história por um motivo básico: autoridade. Provavelmente, você não acreditaria em absolutamente nada do que alguém dissesse sem autoridade para tal.

Já aviso que não sou consultor financeiro, não tenho a intenção de vender cursos na área e, muito menos, de pilotar grupos de compra e venda de qualquer coisa que seja. Mesmo assim, *em menos de dois anos, eu aumentei mais de trinta vezes o meu patrimônio por meio do Bit-*

coin[1]. Não foi do meu investimento inicial, *e sim de tudo que tinha amealhado financeiramente em trinta e quatro anos de vida!*

Portanto, para apontar estratégias, caminhos e despertar em você a vontade de conhecer mais sobre *bitcoins*, preciso narrar todos os detalhes de minha própria entrada na "Toca do Coelho" — que é como chamo a imersão que tive que fazer para não apenas comprovar minhas estratégias, como também para poder transmiti-las.

Até 2015, eu havia juntado, aproximadamente, duzentos mil reais. Na época, o real estava oscilando em relação ao dólar quando comecei a estudar mecanismos para proteger capital e, quem sabe, acumular mais. Também tinha assistido pela primeira vez o filme *The Big Short — A Grande Aposta*, no Brasil — baseado no livro homônimo, escrito por Michael Lewis. Comparando a narrativa ao que realmente aconteceu nos Estados Unidos, surgiram em minha cabeça diversas perguntas acerca de como o governo americano simplesmente injetou capital, criou artificialmente mais dinheiro, não gerou inflação e acabou com aquela crise que ia quebrar todo o mundo. Isso me fez pensar em qual era a real solidez do sistema financeiro, uma vez que, segundo um conceito importante em Economia, se você emite muito dinheiro, gera inflação.

O filme de Adam McKay reacendeu a vontade que eu tinha de estudar mais profundamente os fundamentos da Escola Austríaca, e foi o que fiz ao me matricular num Mestrado *on-line* da Universidade Francisco Marroquín. Sediada na Cidade da Guatemala, a universidade é uma instituição secular privada, que descreve como a sua missão a de "ensinar e disseminar os princípios éticos, legais e econômicos gerais de uma sociedade de pessoas livres e

---

[1] Normalmente, moedas são grafadas com letra maiúscula; no caso deste livro, decidi grafar Bitcoin de duas maneiras. Quando me refiro ao sistema Bitcoin, registro com maiúscula. Se for uma referência à moeda, será minúscula e em itálico *(bitcoins)* — e o mesmo para *altcoins* e outras criptomoedas.

responsáveis". Tal curso era uma parceria de Institutos Liberais Internacionais e contava com diversos professores expoentes sobre o tema. Um bom cartão de visitas!

A própria forma como conheci o curso me leva a questionar se não foi a mão invisível de Deus, afinal, a propaganda desse mestrado apareceu para mim bem no dia em que estava indo de carro para Santiago de Compostela. Meu carro quebrou a trezentos quilômetros de Santiago e, graças a isso, enquanto aguardava pelo guincho — mais precisamente, quando o guincho estava chegando, após quase oito horas de espera —, vi a propaganda desse curso inovador ao olhar pela última vez para a tela do meu *smartphone*. Pouco mais de dois meses depois daquele dia, minha vida iria mudar completamente.

Antes que o assunto Bitcoin verdadeiramente começasse no mestrado, discutimos com o professor Felipe Rosa, responsável pelas cadeiras de "Processos de Mercado" e de "Teoria Monetária", sobre o que era moeda e se *bitcoin* seria, ou não, uma delas.

Foi a primeira vez que tirei o véu do preconceito de que o *bitcoin* era uma moeda de *nerd*, ou um meio de transação das profundezas da *DeepWeb*, porque, sinceramente, era isso que eu ouvia nos programas sobre Economia na televisão, ou lia nos *sites* do mercado em geral. Havia até histórias sobre o fato do *bitcoin* ser um passaporte para a *Silk Road* — em português, "Rota da Seda" —, um mercado operante através da *DarkNet*, que utilizava a rede Tor, garantindo o anonimato de compradores e vendedores no comércio de produtos ilícitos que, em sua maioria, são drogas. Mas, apesar de interessante, não foi o debate que me levou à entrada da toca. Foram os cigarros eletrônicos.

Compras na *internet* sempre foram o meu meio preferido de operar com mercadorias específicas. Primeiro, por causa da diferença de preço e, segundo, pela variedade de escolha. Portanto, foi em busca de cigarros eletrônicos que entrei, em agosto de 2016, num *site* baseado em Hong Kong, e, por uma coincidência, ou casualidade, notei pela primeira vez que eles aceitavam *bitcoins* como forma de pagamento. Eu economizaria a taxa de Imposto sobre Operações Financeiras (IOF), que era de 6,5%, e ainda travaria o câmbio do dia — o que é impossível no pagamento das faturas de cartão de crédito, que usam como base o câmbio do dia do fechamento. Isto é, eu — que estava, até poucos dias antes, discutindo se aquilo era ou não moeda — economizaria praticamente 10% numa compra se pagasse com *bitcoin*.

Então, ficou óbvio para mim que *bitcoin* era dinheiro. E a lenta descida pela Toca do Coelho começou.

O véu do preconceito foi trocado pelo da curiosidade. Não parei de estudar e ler tudo o que aparecia sobre o assunto. Inteirei-me do que encontrava, mas ainda sem colocar em prática. Estava me aprofundando; não me arriscando. Até que decidi comprar um *bitcoin*. Saquei da corretora, mandei de novo para a corretora, vendi, saquei o dinheiro — ou seja, fiz o ciclo completo de compra e venda de *bitcoin*. Foi assim que perdi a virgindade!

Nessa época, agosto de 2016, o *bitcoin* valia aproximadamente R$ 2700 reais, ou US$ 680 dólares. Alguns meses depois, no dia 8 de novembro de 2016, quando o presidente americano Donald Trump foi eleito, a moeda deu aquele "*boom*"! O *bitcoin* passou a valer US$ 703.09 dólares. Peguei quase todo o dinheiro que estava na XP, comprei em *bitcoin* e guardei. Vislumbrava que, por exemplo, o Vale do Silício, ou os estados que ficam nas pontas dos Estados Unidos poderiam buscar *hedge*, e, no meu ponto de vista, o *bitcoin* poderia ser esse *hedge*, ou seja, uma proteção contra uma variação cambial que eu imaginava que iria acontecer por conta da eleição do novo presidente. Não poderia ter sido diferente. Até o final de 2016, o *bitcoin* se manteve num discreto crescente, sem grande alta, mas em 2017 houve uma explosão.

Eu dava aulas *on-line* sobre Bitcoin para um grupo de amigos, cobrando 1 BTC — a sigla da moeda — pelo pacote em que explicava absolutamente tudo: como comprar, como vender, onde operar etc. Por volta de agosto daquele ano, parei de lecionar e de recomendar a compra. Por quê? O *bitcoin* estava batendo os US$ 7 mil dólares, eu já estava fazendo dez vezes o valor que tinha investido e comecei a achar perigoso indicar compra naquele momento.

Aproveitando a subida vertiginosa do *bitcoin* em dezembro de 2017, vendi 70% dos meus *bitcoins* e reapliquei o montante "turbinado" para a XP. A assessora, que ficara chateada quando retirei o dinheiro em 2016, não acreditava como eu estava aplicando mais de quinze vezes a quantia sacada.

Os anos de 2018 e 2019 foram períodos de cautela, espera, estudo de mercado e observação. Continuei tendo retornos consistentes, consegui acompanhar a volatilidade do *bitcoin* e fazer mais de um milhão, a cada ano, por quatro anos consecutivos — de 2017 a 2020.

O "desencaixado" não se importava mais de ser chamado de "louco" pelos amigos que, inicialmente, sequer entendiam o que eu queria dizer quando comecei a falar de Bitcoin, mas que viam o meu crescimento financeiro e a oportunidade que agarrara em 2016. Chega a ser engraçado, pois, apesar de ter feito as melhores faculdades, que têm os vestibulares mais difíceis, e de ser reconhecido por todos pela curiosidade e raciocínio acima da média, quase ninguém, no começo, me deu crédito quando antevi as oportunidades do Bitcoin. Quanto à família e melhores amigos, fui tão insuportável que alguns compraram só para que eu parasse de perturbar. Bons tempos aqueles de 2016!

Continuo enxergando oportunidade a partir do *halving* de 2020 que, provavelmente, levará aos mesmos ciclos anteriores a curtíssimo prazo: uma queda inicial e explosão mais à frente. Se você não sabe o que é *halving*, fique tranquilo, pois veremos isso, mais atentamente, nos próximos capítulos.

Dediquei o ano de 2019 a viajar pelo mundo e descobrir onde o *bitcoin* se encaixava na prática. Foram quase sessenta cidades dos trinta e cinco países em que desembarquei e o que constatei se reflete em números crescentes.

Um relatório do *site* de notícias *Cointelegraph* mostra os dados de novembro de 2019: "Os caixas eletrônicos disponíveis para transações com a criptomoeda, também conhecidos como Bitcon ATMs, bateram um novo recorde, alcançando seis mil e quatro unidades instaladas em todo o mundo"[2].

Desses, mais da metade estava na América do Norte (64%). Na Europa foram 20% das máquinas instaladas e a Ásia tinha apenas 2% do total de máquinas.

Em abril de 2020, segundo o *site Coin ATM Radar*[3], o número era de sete mil quinhentos e quarenta e sete no total, com cento e dezesseis caixas na América Latina. Globalmente, há um crescimento de onze instalações, em média, por dia. E deve-se salientar a entrada da África como *player* nas transações, conforme se vê na figura abaixo:

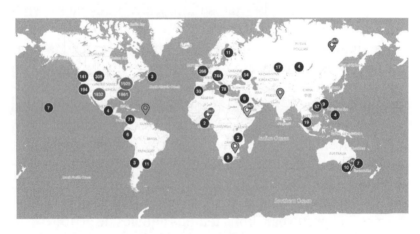

---

[2] AMARO, Lorena. "Caixas eletrônicos de Bitcoin ultrapassam seis mil unidades e atingem marca histórica". *Cripto Fácil*, 2019. Disponível em: https://www.criptofacil.com/caixas-eletronicos-de-Bitcoin-ultrapassam-6-mil-unidades-e-atingem-marca-historica/, acesso em 17/nov/2020.

[3] Disponível em: <https://coinatmradar.com>. Acesso em 21/out/2020.

Não tenho dúvidas, empiricamente, que o *bitcoin* é um ativo mundial sem igual, altamente democrático, que pode ser comprado por qualquer pessoa, em quase todos os países do planeta. É algo que gera muito valor em função da capilaridade, principalmente para os países que mantêm controle de capital, como o Brasil, onde, para comprar qualquer ativo fora do país, paga-se 6,5 % de IOF acrescido do lucro no câmbio do cartão de crédito.

Dessa maneira, esse ativo digital escasso, precisa ser objeto de estudo à parte. Não é mais possível desconsiderá-lo, em nome de informações míticas geradas pelo medo de inovação no mercado financeiro, ou por notícias plantadas pelo próprio sistema financeiro vigente, que tende a segurar o controle indefinidamente.

Nesse início de século XXI, devemos deixar de lado o temor que é intrínseco ao ser humano, o pavor de tudo o que é novo.

CAPÍTULO 2

DINHEIRO 3.0

"O dinheiro muitas vezes surgiu independentemente em diferentes partes do nosso planeta. Seu desenvolvimento não exigiu avanços tecnológicos — o dinheiro acabou sendo uma entidade intersubjetiva que existia exclusivamente na ideia geral de pessoas. Dinheiro não é moedas ou notas. É isso que as pessoas estão dispostas a usar como equivalente para compartilhar valores".

Yuval Noah Harari
Sapiens: a brief History of Humankind

Para começarmos a nossa viagem pela "Toca do Coelho" é preciso fazer a primeira e grande distinção: *bitcoin* não é importante, diferente, ou sequer "dinheiro do Futuro" por ser uma moeda digital. Ao bem da verdade, no século XXI, mais de 90% do dinheiro tradicional — emitido por bancos centrais, isto é, o dinheiro que os *bitcoiners* como eu chamam de *fiat money*, mas que a sociedade como um todo acredita ter valor — é digital.

Vamos entender o porquê.

2.1 - Mamutes, Rodas de Pedra e Conchas

Aparentemente, a história do dinheiro se origina na era da caça e coleta, quando as pessoas gastavam 90% de sua existência apenas fazendo isso. Todos tinham que ter um vasto espectro de habilidades necessárias, ou seja, não havia divisão do trabalho. Podemos imaginar como esse comércio foi organizado: provavelmente, um homem das cavernas sugeriu a outro trocar sua pele de coelho por um pedaço de carne de javali, do qual ele precisava naquele momento. Hoje, essa prática de troca é chamada de "sistema de troca" — no popular, escambo — e é considerada como a primeira forma de negociação.

Dizemos "é considerada" porque há outra opinião. O antropólogo David Graeber (1961-2020), argumenta que, antes do advento do dinheiro, a troca praticamente não existia, mas mesmo se houvesse um sistema de troca, dificilmente seria amplamente utilizado. Imagine que você deseja comprar algo, porém outros não precisam do que você quer oferecer em troca. Assim sendo, a coincidência das necessidades do comprador e do vendedor é bastante rara, portanto, esse comércio seria extremamente difícil. Mais uma vez, imagine que todos os seus bens são um mamute morto. Transportá-lo, oferecê-lo e achar quem precise dele, inteiro, não será fácil.

Nesse cenário, o que garantia a subsistência coletiva era a formação de clãs — algo maior que a família e menor que um Estado. Dentro dos clãs não existiam trocas comerciais, e sim compartilhamento coletivo, que seria algo próximo do coletivismo puro. Em outras palavras, o "bom selvagem" era comunista e o conceito de propriedade privada ainda não existia.

Por volta do final do Pleistoceno — ou a última era glacial, há cerca de dez mil anos —, as pessoas deixaram o nomadismo, e assim surgia a agricultura, ou seja, o cultivo de trigo e a domesticação de animais, o que, por sua vez, levou à centralização e ao aumento da densidade populacional. Agora não era mais necessário uma pessoa deter todas as profissões — aparecia a especialização e a propriedade privada.

Alguns criavam gado, outros costuravam roupas e, como uma sociedade baseada na divisão do trabalho implicava numa troca constante de valores, os custos da troca eram inaceitáveis. O alfaiate podia oferecer roupas ao fazendeiro em troca de trigo, mas raramente precisava de trigo todos os dias, portanto, para obter comida, o alfaiate teria que inventar longas cadeias de troca, a cada vez.

A demanda por um sistema de transações controlado levou ao surgimento da moeda, que desempenhava três funções: Unidade de Medida — contábil —, Unidade de Valor e Possibilidade de Troca — ou seja, nasce a ideia de Meio de Troca. No entanto, diferente do que conhecemos como dinheiro, uma das primeiras e mais populares formas de moeda — comum na África e na Ásia — eram conchas de cauri, semelhantes a pequenos búzios. Na África, especialmente em Uganda, elas foram usadas até o século XIX.

Já os primeiros bancos surgiram na Mesopotâmia — as pessoas podiam depositar fundos neles como poupança, ou para operações comerciais. Foi quando despontou a necessidade de registrar o histórico de transações, o que levou ao aparecimento dos primeiros livros contábeis conhecidos.

Comparativamente, hoje temos muitas moedas diferentes e antes, tínhamos as conchas de cauri como uma das possibilidades de troca. Grãos, tecidos, sal e outras coisas estranhas como rodas imensas de pedra, foram usadas como dinheiro, porém todos esses objetos mantinham características comuns:

> 1ª) *Esses deviam ser objetos físicos.* Uma ideia não pode ser uma unidade de pagamento. Com ideias você pode ganhar dinheiro, mas elas não podem ser o dinheiro;
>
> 2ª) *Eles deviam não apenas ser tangíveis, mas também duráveis o suficiente.* Se a civilização usa, digamos, tulipas

como dinheiro, então o primeiro vento forte causará pânico no mercado e é inconveniente manter cinquenta flores frescas no bolso;

3ª) *Toda a sociedade deveria concordar, por unanimidade, em usá-los.* Sem isso, a estabilidade da moeda é impossível, porque você não pode ter certeza de que a contraparte ficará satisfeita com o seu dinheiro.

Se conchas, grãos ou pedaços de tecido atendem aos dois primeiros requisitos, com o terceiro é mais difícil sem uma organização central de controle que garanta o amplo uso do mesmo dinheiro, pois é complicado confirmar um meio confiável para trocas. Esse problema, então, começa a ser resolvido por volta de 600 a.C., com o advento da moeda.

2.2 - Gerenciamento centralizado de dinheiro com moedas

Usar grãos ou conchas é um problema — qualquer pessoa pode cultivar mais grãos ou ir à praia e coletar mais conchas. Como confiar no sistema monetário se todos podem obter uma quantia adicional de fundos a qualquer momento? Foi esse problema: a necessidade da escassez — o que a moeda foi chamada a resolver.

A História diz que os lídios da Grécia Antiga se tornaram os primeiros a usarem moedas. Após cerca de quinhentos anos, eles foram seguidos por grandes cidades gregas, como, por exemplo, Atenas. Ao contrário de conchas ou grãos, um cidadão não poderia simplesmente coletar mais ouro ou prata, derretê-los e cunhá-los na forma de moedas com um padrão complexo — mesmo no mundo de hoje, essa é uma tarefa bastante difícil, apesar de todo o progresso da tecnologia.

O nome ancestral dessa prática era *senhoriagem*. Cada moeda, sempre cunhada por um "senhor", representava uma garantia de sua própria autenticidade. Como um sinal de segurança, os governantes imprimiram seus rostos ou brasões neles — este era um símbolo de que a moeda teria valor enquanto o Estado existisse. Assim, a transição para as moedas levou ao fato de que o controle sobre o dinheiro passou para o governante, que cobrava uma taxa por isso. A consequência foi o aumento da confiança dos cidadãos no dinheiro.

2.3 - Do metal ao papel

Embora a invenção das moedas tenha resolvido muitos problemas, também gerou desvantagens. Em primeiro lugar, as moedas eram fundidas em metais preciosos — geralmente, ouro ou prata —, o que significa que a sua circulação, isto é, a oferta, era limitada pela presença desses mesmos metais. Além disso, eram bastante pesadas e volumosas. Era difícil armazená-las e transportá-las. Logo, a falta de suprimento e a inconveniência de uso levaram ao aparecimento de papel-moeda.

Em 100 a.C., os chineses inventaram o primeiro exemplar de papel-moeda, o que rapidamente começou a ser utilizado para a troca de valores. Em Pequim e Xangai pude visitar museus e ver, com meus próprios olhos, esses papéis.

Dessa forma, tornou-se possível não levar todo o dinheiro com você, e sim colocá-lo em um banco, que dava um recibo de quanto dinheiro você tinha — esta foi a primeira nota de banco. Esse sistema foi baseado na crença de que um recibo pode ser trocado por algo valioso e as pessoas podiam lidar não diretamente com valores, mas com recibos.

Após a invasão da China, o Império Mongol também adotou o papel-moeda. No século XIII, Marco Polo (1254-1324) trouxe dinheiro de papel para a Europa e, no século XVII, os joalheiros europeus introduziram a prática de usar recibos como títulos lastreados em ouro. Como as pessoas mantinham papel-moeda para troca e não o devolviam para reconversão em ouro, os nascentes bancos europeus, as

"Bancas" — criadas no que hoje é a Itália, em especial nas regiões de comércio de Genova e Veneza, que eram polos de ligação com a Ásia — começaram a emitir mais notas do que o ouro, imaginando que todos não pediriam o seu ouro ao mesmo tempo.

Isso pode ser considerado o começo da prática da reserva fracionária, ou parcial, bem como o próprio conceito de Banco Comercial.

Você pode se perguntar se eles estavam certos. Se você acha que ao depositar R$ 1 mil reais no banco, assegura que este valor esteja lá, está enganado. Dependendo do país, há um valor mínimo a ser garantido pela instituição financeira e é isso que possibilita que sejam feitos empréstimos. Caso a reserva parcial daquele país seja de 10%, por exemplo, o banco "segura" R$ 100 reais de seu depósito e pode emprestar R$ 900 reais para outro cliente. É uma geração de dinheiro que não existe, porque agora o banco tem R$ 1,9 mil e assim sucessivamente, criando um modelo universal de "pirâmides financeiras controladas e reguladas pelo Estado".

Ocasionalmente ocorrem problemas, como a hiperinflação de 1000% ao ano que já tivemos no Brasil, e o governo precisa restringir a circulação de dinheiro na Economia à força, como aconteceu com o absurdo confisco da poupança do Plano Collor, em 1992.

2.4 - Ouro dos tolos

O dólar de hoje não é garantido por ouro ou prata, mas até 1971, tudo era diferente — antes disso, todo dólar recebia um equivalente em ouro de 40%. Os Estados Unidos agiram exatamente da mesma maneira que os banqueiros europeus, que acreditavam que os correntistas nunca pediriam seu valor em ouro ao mesmo tempo.

Existiram dois grandes momentos que colocaram em prova o padrão dólar/ouro.

No início dos anos 1930, os Estados Unidos enfrentavam tempos difíceis. Em 1929, o mercado de ações entrou em colapso e a Grande Depressão começou. Na tentativa de reviver a economia americana, o então presidente Franklin Delano Roosevelt (1882-1945) decidiu imprimir dinheiro para financiar o seu programa de gastos do governo. Infelizmente, suas mãos estavam atadas: no contexto da crise econômica, ele não podia aumentar impostos, nem imprimir dinheiro — não havia ouro suficiente para lastreá-lo.

No cenário da Grande Depressão, as pessoas correram para os bancos em busca de ouro, porque temiam o pânico e descobriram que não havia ouro suficiente para todos — lembre-se que os bancos tinham apenas 40% de segurança em ouro para papel-moeda. Portanto, em 1933, o presidente Roosevelt fechou os bancos pela primeira vez, por três dias, e depois declarou "ilegal" a propriedade privada do ouro — você poderia pegar até dez anos de prisão simplesmente pela posse privada de ouro. Os cidadãos receberam a ordem de devolver o ouro ao Federal Reserve e, em troca, receber dinheiro em papel.

Nessa etapa, ainda havia lastro dólar/ouro, mas a população já não tinha mais permissão para se proteger financeiramente armazenando o ativo que realmente garantiria independência do Banco Central Americano.

Em 1971, o presidente americano Richard M. Nixon (1913-1994) alterou novamente as regras do jogo monetário internacional ao desvincular o dólar americano do ouro. E somente em 1977 os civis foram novamente autorizados a possuir o metal precioso. Foi o famoso golpe por etapas — e você acreditando que só o Collor é que tinha sido sacana.

Vale ressaltar que nesse mesmo ano estava sendo lançado *A Desnacionalização do Dinheiro*, de Friedrich August von Hayek (1899-1992) — um livro que mudou a minha vida financeira, mas vamos deixar esse assunto para os capítulos a seguir.

2.5 - Sistema monetário moderno

A ousadia do presidente Nixon teve consequências. Fez com que o papel perdesse completamente a sua conexão com metais preciosos — o papel-moeda permanece como pura garantia dos governos. Se, antigamente, havia o lastro em ouro, de 1971 em diante, só existem lastros artificiais, criados a partir do dólar que, por sua vez, não tem lastro algum.

Em outras palavras, nosso sistema monetário não passa de um castelo de cartas, baseado na ficção de que está tudo bem e que continuará assim para sempre.

Essa é parte irônica, pois muitas pessoas ficam incomodadas justamente por acreditarem que o *bitcoin* não tem lastro, como se as outras moedas tivessem — se elas soubessem como são feitas as salsichas...

Portanto, hoje o papel-moeda continua sendo a única moeda "real". Em seu livro *Sapiens: a brief History of Humankind*, o antropólogo Yuval Noah Harari escreve:

> Hoje, mesmo moedas e notas são uma forma rara de dinheiro. A quantidade total de dinheiro no mundo é de cerca de sessenta trilhões de dólares, dos quais menos de seis trilhões de dólares são em dinheiro e mais de 90%, ou seja, mais de cinquenta trilhões de dólares em nossas contas, existem apenas na forma de números nos servidores[4].

É por isso que o Bitcoin não é importante por sua natureza digital. Como o mencionado por Harari, quase 100% do dinheiro existente no mundo é exclusivamente digital. A sua emissão controlada e previsível é que faz a diferença, pois isso garante a confiança que, desde 1971, estava faltando no mercado.

Da mesma maneira que os Estados Unidos já apoiaram um dólar com ouro a 40%, hoje, dão suporte para que a

---

[4] HARARI, Yuval Noah. *Sapiens: A Brief History of Humankind*. Harper: Toronto, 2015, p. 253.

cada nove dólares virtuais exista apenas um dólar físico. Esse conceito de dinheiro digital não é recente. É usado há muito tempo — pense nos cartões de crédito e débito, por exemplo.

O principal valor do Bitcoin e de outras criptomoedas descentralizadas é a maneira especial de gerenciar transações. Isso geralmente é esquecido no calor dos debates sobre as criptomoedas. Assim sendo, se você olhar mais profundamente, poderá ver os brotos da próxima "revolução financeira": a transição do controle do governo para a circulação descentralizada.

No final das contas, defino dinheiro como confiança e o *Dinheiro 3.0* é um representante honesto de minha conclusão.

Fica a pergunta de como isso foi imaginado originalmente. Para responder, vamos conhecer o arquiteto da "Toca do Coelho", Satoshi Nakamoto no próximo capítulo.

CAPÍTULO 3

O COELHO

"As rodas da máquina têm de girar constantemente, mas não podem fazê-lo se não houver quem cuide delas. É preciso que haja homens para cuidar delas, homens tão constantes como as rodas nos seus eixos, homens sãos de espírito, obedientes, satisfeitos em sua estabilidade".

Aldous Huxley. *Admirável Mundo Novo*

Satoshi Nakamoto é um pseudônimo. Um nome criado especialmente para ocultar a identidade do autor do sistema que origina as criptomoedas. Em outubro de 2008, alguém — ou um grupo de pessoas — usou esse nome para publicar um documento chamado *Bitcoin: A peer-to-peer electronic cash system* — na minha tradução livre, *Bitcoin: dinheiro eletrônico entregue de forma descentralizada*, ou simplesmente, *Bitcoin, Dinheiro Eletrônico Descentralizado*[5].

Em 3 de janeiro de 2009, Satoshi minerou o bloco gênese — o primeiro, o *Fiat Lux* dos blocos, fazendo uma alusão à Gênese bíblica e ao "Faça-se a Luz"[6]. Para isso, ele recebeu cinquenta *bitcoins*, que foram para o primeiro endereço público existente (1A1zP1eP5QGefi2DMPTfTL5SL-

---

[5] NAKAMOTO, Satoshi. "Bitcoin: A Peer-to-Peer Electronic Cash System". Disponível em: https://bitcoin.org/bitcoin.pdf, acesso em 17/nov/2020.

[6] Gênesis 1, 3.

mv7DivfNa). As pessoas continuam enviando *bitcoins* para este endereço. Por exemplo, ao longo do tempo, alguém mandou 0,5 *bitcoins* — cerca de US$ 5 mil dólares — e diversas outras pessoas mandaram pequenas "oferendas" ao endereço número um do Bitcoin.

Satoshi Nakamoto é o pai do Bitcoin. É a gênese de um sonho *nerd* descentralizado e com ideário *hacker*. E o Bitcoin nasceu em um *software* baseado no *White Paper* do *Bitcoin*[7], ou seja, no primeiro documento que Satoshi Nakamoto publicou.

Mas quem é Satoshi?

3.1 - Um ou muitos

Não é possível rastrear quem está escondido por trás desse pseudônimo. Se é uma pessoa de carne e osso, uma equipe de cientistas geniais, um time de *nerds*, ou alguma Agência de Inteligência Americana — como a CIA, talvez a NSA.

Acredita-se que, além de cinquenta *bitcoins* no endereço pertencente a Satoshi, ele possa ter outro milhão deles à sua disposição. Se verdadeiro, esse fato, por si só, seria suficiente para o fazer permanecer anônimo. Mas lembrem-se que as tentativas anteriores de criação de dinheiro digital esbarravam nesse ponto, ou seja, os fundadores sempre estiveram vinculados ao "novo dinheiro" e sempre foram coagidos pelos governos a pararem a iniciativa, ou conhecerem o respectivo sistema prisional pátrio. Essa é uma das nuances mais interessantes do Bitcoin, a de ao não ter um fundador conhecido, isto é, não tem um *"ponto único de ataque"* — aquela coluna numa ponte que, se dinamitada, derruba a ponte. O Bitcoin *não tem esse tipo de fragilidade*.

Satoshi Nakamoto gerenciava uma conta na rede social que ele fundou, a Bitcoin Talk. Sua penúltima entra-

---

[7] *White Paper do Bitcoin*. Espécie de Bíblia dos *bitcoiners*, trata-se de um documento lançado por Satoshi Nakamoto em 31 de outubro de 2008, que versava sobre criptografia e constituía-se nos fundamentos das novas criptomoedas.

da foi publicada às 18h22 de 12 de dezembro de 2010. A mensagem final foi esta: "Adicionadas algumas restrições de DOS, modo de segurança removido (0.3.19)". Depois há as alterações técnicas e um *link* para a versão mais recente do protocolo Bitcoin. A última vez que Satoshi entrou foi às 16:45 do dia seguinte. E nunca mais voltou.

É notório que próximo do sumiço de Satoshi, a CIA e NSA começaram a explicitamente se interessar pelo tema, afinal de contas, emissão de dinheiro é assunto de segurança nacional.

Podem estar se perguntando se eu me importo com a real personalidade dele. De maneira alguma. Ou se isso diminui a credibilidade do sistema? Para alguns, sim, para mim, muito pelo contrário!

O novo, inusitado, ou não advindo de teorias anteriores, indica controvérsias.

Em 2007, apresentei meu trabalho de conclusão do Curso de Direito da USP, no Largo São Francisco, em São Paulo. Não era o meu primeiro TCC, mas foi bem diferente do exposto à banca examinadora da Faculdade de Administração de Empresas da Fundação Getúlio Vargas, poucos anos antes. A frase preferida de minha mãe para me descrever é "caixinha de surpresas" — teria ela visto o filme *Forrest Gump*, por demais? Brincadeiras à parte, acredito que não apenas seja uma descrição precisa, e sim profética. A banca só não me reprovou porque um dos Mestres havia sido o meu mentor — e digo, até semeador — em muitas das questões levantadas no trabalho.

Com anos de antecedência, discorri objetivamente sobre as falhas do sistema jurídico que levariam aos escândalos que culminaram na Operação Lava Jato e no caos institucional presenciado durante a pandemia de Covid-19. Todo o trabalho estava focado na explicação de algumas falhas que o mecanismo usa para dominar a sociedade. Além disso, demonstrava porque a nossa Constituição Federal foi constituída da maneira que foi, e as falhas que fazem os mecanismos de pesos e contrapesos institucionais não funcionarem direito.

Eu não tinha informações privilegiadas ou sabia de algo além do que poderia ser visto por qualquer um que se empenhasse em estudar o sistema. Simplesmente, cometi a "falha" de ler padrões e entender incentivos institucionais, em vez de seguir a cartilha acadêmica tradicional e me apoiar no trabalho dos que vieram antes. Tese por tese, eu tinha a minha.

Passei com a nota mínima e, apesar de não dar atenção para quem é Satoshi Nakamoto com CPF ou CNPJ, sinto que temos um ponto em comum — observadas as grandezas de realizações, a minha como sendo mínima: é complicado apresentar algo aos outros que ainda não tenha caído na malha tradicional de informações.

Certa vez, o perfil de Satoshi respondeu para um cético de *Bitcoin* em uma discussão de fórum, Bitcoin Talk: *"If you don't believe me or don't get it, I don't have time to try to convince you, sorry"* — livremente traduzido por mim: "Se você não acredita em mim ou não entende, não tenho tempo para tentar convencê-lo, desculpe".

Digressões à parte, neste capítulo tento explicar a importância de Satoshi e o porquê de haver tanta especulação em torno do nome dessa figura icônica no mundo das criptomoedas. Uma infinidade de fontes garante saber a identidade do autor do *White Paper* e, provavelmente, o detentor do maior número de *bitcoins*.

3.2 - Seguindo a pista

As anotações de Satoshi, tanto nos fóruns Bitcoin Talk quanto em correspondência com outros participantes do fórum, trazem algumas indicações sobre a personalidade; no entanto, são muito controversas. Por exemplo, a data de nascimento de Satoshi Nakamoto seria a de 5 de abril de

1975. Entretanto, após um exame mais aprofundado, verifica-se que essa data é importante por vários motivos relacionados ao ouro. Em 5 de abril de 1933, Franklin Roosevelt assinou vários decretos que proibiam os cidadãos dos Estados Unidos de extrair ouro por conta própria, e essa decisão foi anulada no ano de 1975.

Satoshi também é relacionado aos japoneses, em grande parte por causa de seu nome, mas o seu domínio da língua inglesa e expressões particulares do idioma inglês, incomuns para um estrangeiro, pôs em dúvida a sua origem. Prefiro acreditar que, assim como eu, a pessoa por trás de Satoshi era fã de Jaspion ou algum dos heróis de *animes* que tanto simbolizam o Japão.

Por um momento, Satoshi Nakamoto apareceu em 7 de março de 2014 no tópico do fórum P2P Foundation, que ele fundara cinco anos antes, e escreveu: "Eu não sou Dorian Nakamoto".

O que nos faz perguntar: quem é Dorian Nakamoto?

3.3 - Quando dá azar ser um homônimo

Americano de raízes japonesas, Dorian Satoshi Nakamoto é quem a *Newsweek* identificou falsamente como o verdadeiro Satoshi Nakamoto, em março de 2014. Apesar de todo o apreço e admiração pelo verdadeiro criador do Bitcoin que ele demonstrou em entrevistas posteriores, Dorian não estava associado a nada além de um nome. Em parte, os jornalistas não entenderam as palavras de Dorian Nakamoto: "Eu não participo mais disso e não posso discutir. Foi transferido para outras pessoas. Eles estão fazendo isso. Não estou mais envolvido". Acontece que Dorian pensou que estava sendo interrogado pelo trabalho secreto anterior, que ele fazia para os militares, como contratado.

Dorian Nakamoto não é a única pessoa confundida com o verdadeiro Satoshi. Pioneiros em criptografia, como Hal Finney e Nick Szabo, provavelmente são muito mais adequados para o papel do criador do Bitcoin, devido à sua proximidade com o movimento dos bancos digitais e ao vasto conhecimento nessa área. Embora ambos neguem o seu envolvimento, minha aposta é de que Finney e Szabo são Satoshi. Não há como Nick Szabo não estar diretamente ligado à criação do Bitcoin. Quanto a Hal Finney, ele foi o primeiro participante público da rede Bitcoin, o que é uma ligação óbvia, *per se*.

Poderia me alongar por páginas, provando tais afirmações, mas a beleza do Bitcoin é a antítese desse comportamento, pois, para um *"bitcoiner* raiz", a identidade de Satoshi não é relevante. Ao tornar-se um vulto, o(s) criador(es) possibilita(m) que todos os participantes e apoiadores da rede Bitcoin se tornem *Satoshis*, igual ao filme *V de Vingança*.

O mais irônico é que, embora a maioria das pessoas negue uma possível conexão com Satoshi, uma pessoa, em particular, fez exatamente o contrário e pelos piores motivos possíveis: ego e ganância.

3.4 - "Eu sou o Coelho!"

Craig Wright é um cientista da computação e empresário australiano. "Esse cara inventou o Bitcoin, ou é uma farsa brilhante que quer que acreditemos nisso", escreveu a revista *Wired* sobre ele, em 2015. O que hoje parece uma piada, foi levado de forma muito séria pela comunidade de Bitcoin logo ao ser dada a notícia.

Muito poderia ser dito sobre Wright e sobre o que ele disse. Ele conhece a fundo o *White Paper* e reivindicou ser Satoshi Nakamoto. No entanto, a história principal de Wright é que ele inventou o Bitcoin com seu colega — agora falecido — David Kleiman (1967-2013). Alegadamente, eles, juntos, eram Satoshi Nakamoto.

Várias vezes, Wright prometeu fornecer evidências, mas nunca apresentou nada substancial. Em maio de 2016, ele novamente prometeu fornecer provas irrefutáveis de que era Satoshi Nakamoto. Para tanto, teria que concluir a transação, tendo em suas mãos uma chave privada que pertencia apenas a Satoshi. Isso seria uma boa evidência, mas ele não o fez, alegando o seguinte:

> Eu pensei que poderia fazer isso. Eu pensei que poderia deixar para trás anos de anonimato. Mas, enquanto a semana passou e eu estava me preparando para fornecer evidências de acesso às primeiras chaves, eu quebrei. Não tenho mais coragem de fazê-lo. Não posso... Só posso me desculpar. E dizer adeus.

Depois disso ficou um ano sumido das redes sociais e escrevendo apenas em fóruns muito restritos.

Não há nada escondido no ambiente de criptomoedas, ao contrário do que possam imaginar os leigos. Em 26 de fevereiro de 2020, o influenciador de Bitcoin, Peter McCormack, publicou em sua conta no *Twitter* (@PeterMcCormack) capturas de tela mostrando Wright, que alegava que a primeira apreensão do Bitcoin pelos tribunais não exigirá chaves privadas. Era uma mensagem específica, que diz muito mais sobre o mensageiro do que sobre o fato que ele "antecipa". Wright assim escreveu:

> O primeiro confisco de *bitcoin* feito por uma corte vai acontecer esse ano.
>
> Não sem as chaves. Por mineradores (nós) atuando para cumprir uma ordem judicial.
>
> Sem chaves, o *bitcoin* vai ser confiscado. O código é a lei, e as cortes podem mandar que o código seja alterado.
>
> O Bitcoin não é criptografado. Ele é econômico.

Se Wright aparentemente não entendeu um dos pilares do Bitcoin, ou seja, a inviolabilidade da criptografia, imagina ter escrito o *White Paper*? Antes disso, em 2019, ele havia se reunido com vários dos piores picaretas e golpistas da indústria de criptomoedas — confirmando o ditado: "diga-me com quem andas e te direi quem és".

3.5 - Um tecno-homem poderia ser também outro tecno-homem

Quem mais poderia ser o verdadeiro Satoshi Nakamoto?

Não faz muito tempo, sugeriu-se que poderia ser Elon Musk, fundador da Tesla Motors e de algumas outras empresas revolucionárias. Em parte, isso poderia ser verdade, afinal, Musk tudo pode. Mas ele próprio negou com tanta veemência a sua semelhança com Satoshi Nakamoto, que é impossível duvidar. Ele até disse que havia perdido alguns *bitcoins* que um amigo havia enviado a ele.

Em maio de 2020, Musk respondeu a uma pergunta da autora dos livros *Harry Potter* — J. K. Rowling — sobre Bitcoin, mas ele parecia um fã, e não o criador em si.

> *J. K. Rowling*: "As pessoas agora estão me explicando o Bitcoin e, honestamente, são colecionáveis blá blá blá (*My Little Pony?*). Computadores blá blá blá (tenho um desses) blá blá blá crypto (soa assustador) blá blá blá entenda o risco (eu não)"[8].
>
> *Elon Musk*: "A emissão maciça de moeda pelos bancos centrais do governo está fazendo com que o *bitcoin* pareça sólido em comparação"[9].

Em resposta ao próprio *tweet*, Musk afirmou que tem apenas 0,25 *bitcoin*. Para o bilionário, que possui uma for-

---

[8] ROWLING, J. K. (@jk_rowling): "As pessoas agora estão me explicando o Bitcoin e, honestamente, são colecionáveis blá blá blá (My Little Pony?) Computadores blá blá blá (tenho um desses) blá blá blá crypto (soa assustador) blá blá blá entenda o risco (eu não)". Disponível em: <https://twitter.com/jk_rowling/status/1261396891784413185>. Acesso em 21/out/2020.

[9] MUSK, Elon. (@elonmusk): "A emissão maciça de moeda pelos Bancos Centrais do governo está fazendo com que o *bitcoin* pareça sólido em comparação". Disponível em: <https://twitter.com/elonmusk/status/1261416824459030529>. Acesso em: 21/out/2020.

tuna avaliada em U$ 36,1 bilhões de dólares, isso equivaleria a pouco menos de U$ 2.500 dólares em criptomoeda.

Alguns sugeriram que Satoshi Nakamoto seria um pseudônimo usado pelo "governo", como a NSA nos Estados Unidos, ou o MI-6 no Reino Unido. Essas teorias não têm evidências objetivas. A NSA se interessou por Bitcoin já nos primórdios, mas não como protagonista central.

Há um longo rastro documentado deixado pelos bancos digitais que se formaram e participaram do desenvolvimento de muitas moedas descentralizadas. Porém, o Bitcoin não é apenas descentralizado. Ele também tem emissões limitadas. Portanto, os governos não podem controlar suas reservas. É também uma moeda global da qual nenhum governo específico se beneficia. É inerentemente moeda antigovernamental e antiestatal.

E, com tudo isso, o inventor do Bitcoin, o pai da "máquina da verdade" chamada Blockchain — que veremos mais detalhadamente a seguir —, continua sendo um personagem misterioso. Seja uma pessoa isolada, ou um grupo de *hackers* digitais, ninguém argumentará que a ignorância da verdadeira figura que nos traz a Era da Verdade — nas Finanças, na Política e em outras zonas — é irônica e poética. A imagem lendária, o homem que deu transparência ao mundo nas áreas mais opacas, desejava permanecer anônimo. Essa é a essência da descentralização.

Satoshi Nakamoto não tem rosto e também não precisa de um, afinal *"We are Satoshi"*. Qualquer entusiasta de Bitcoin, automaticamente, tem um pouco de Satoshi em si.

3.6 - Quanto ao seu patrimônio

Especialistas atestam que haveria, pelo menos, um milhão de *bitcoins* na carteira do criador da principal criptomoeda do mundo. Isso permitiria que Satoshi Nakamoto subisse à lista da *Forbes* com dez bilhões de dólares — tal número chegou a vinte bilhões de dólares em dezembro de 2017, devido à valorização recorde na época. Se o nosso "herói" decidir vender todas as suas economias, o mercado entrará em colapso. As perspectivas foram compartilhadas pelo professor e investidor de criptografia, Matt Green da Johns Hopkins University.

Uma característica do Bitcoin: se você controla um milhão de moedas, isso é suficiente para dominar o mercado a qualquer momento. Pense neles como edições especiais de selos, ou, para os americanos, *cards* de *baseball*. Eles são valiosos porque são raros. Se alguém conseguir jogar centenas de milhares de *cards* raros de um determinado jogador no mercado, o preço cairá significativamente.

Segundo Green, a venda das economias de Satoshi Nakamoto diminuiria significativamente a confiança da comunidade e poderia ser um momento de grande perigo para esse ativo, pois toda sua força deriva da "confiança". Ben Yu (1986-), um famoso investidor de *bitcoin* de San Francisco, concorda com essa opinião e também enfatiza a grande importância da *persona* de Satoshi.

Se o *bitcoin* se transformar em uma moeda global, Satoshi, provavelmente, se tornaria o homem mais rico do mundo. Além disso, sua participação seria superior às economias do governo dos Estados Unidos em ouro.

Realmente, Satoshi acumulou uma grande quantia de *bitcoins*, porém, não a movimentou por muito tempo. Quem sabe, ele possa ter, premeditamente, "perdido" ou "destruído" esse primeiro lote? Caso Satoshi quisesse destruir o primeiro lote de milhão de Bitcoins, ele teria, pelo menos, duas razões para isso: a primeira seria a de garantir o seu próprio anonimato, e a segunda, a de diminuir a oferta desse ativo único por ele criado.

A única forma de garantir o anonimato é nunca mexer nas primeiras moedas, pois, segundo o trabalho de Sergio Lerner — um importante cientista de dados argentino — é possível inferir, com alto grau de certeza, que foi Satoshi quem minerou boa parte dos *bitcoins* iniciais. Caso tais *bitcoins* fossem movimentados e vendidos, ficaria fácil para órgãos como FBI, CIA e ou NSA descobrirem a real identidade de nosso "herói".

Isso explica por que, para mim, Satoshi é irrelevante. Ele foi tão genial que se auto impôs uma irrelevância perante a sua invenção: o eterno anonimato.

Satoshi pode não ser importante, mas o que ele concebeu é. Vejamos o *White Paper* do Bitcoin, o verdadeiro mapa da "Toca do Coelho", o primeiro documento que deveria ser lido dez vezes por qualquer *bitcoiner* antes de consumir qualquer outra coisa ligada ao tema Bitcoin.

CAPÍTULO 4

4. ANATOMIA DO WHITE PAPER

> "É impossível conectar todos os pontos olhando para o futuro; eles podem ser conectados, olhando, exclusivamente, para o passado. Portanto, podemos apenas acreditar que os pontos estão de alguma forma conectados".
>
> **Steve Jobs**

O *White Paper* sobre Bitcoin de Satoshi Nakamoto, *Bitcoin: Um sistema de dinheiro eletrônico ponto a ponto*[10], foi publicado em 31 de outubro de 2008. Desde então, inúmeros artigos e postagens de *blog* debateram a visão de Satoshi, mas o próprio texto foi muitas vezes ignorado, ou até desconsiderado, imaginando-se que explicações sobre ele seriam o suficiente.

Entretanto, é o texto original que nos dá a dimensão exata do sistema, explicando o objetivo do criador. Ele deriva de coisas estranhas, como um *Manifesto Cypherpunk*, uma Teoria de Probabilidades escrita em 1957, e material

---

[10] NAKAMOTO, Satoshi. "Bitcoin: A Peer-to-Peer Electronic Cash System". Disponível em: <https://bitcoin.org/bitcoin.pdf>. Acesso em 17/nov/2020.

extraído de conferências sobre código-fonte, e tudo isso se reflete nos processos que todos os investidores vivenciam.

4.1 - *Abstract*

O *Abstract* do *White Paper* começa da seguinte maneira: "Uma versão puramente ponto a ponto do dinheiro eletrônico permitiria que os pagamentos *on-line* fossem enviados diretamente de uma parte para outra sem passar por uma instituição financeira".

A primeira linha do resumo define o problema que Satoshi esperava resolver. À medida que a Era do Comércio Eletrônico floresceu, vários comentaristas especularam sobre como poderíamos obter "dinheiro" eletrônico: um ativo digital que poderia ser trocado diretamente de uma pessoa para outra, como uma nota de um dólar, sem a necessidade de passar por um intermediário tal um banco ou processador de cartão de crédito.

Em outra parte, ele escreve:

> Propomos uma solução para o problema dos gastos duplos usando uma rede ponto a ponto. A rede registra o tempo das transações, colocando-as em *hash* em uma cadeia contínua de prova de trabalho baseada em *hash*, formando um registro que não pode ser alterado sem refazer a prova de trabalho.

Em poucas palavras, aqui está a principal parte do problema e um esboço da solução: o problema do dinheiro eletrônico é que os arquivos digitais são fáceis de copiar. Se você me enviar um MP3 ou JPEG *on-line*, ainda manterá o arquivo original. Claramente, isso é incompatível com uma reserva de valor financeiro — se você pode continuar duplicando, é inútil. Portanto, é o "problema dos gastos duplos".

Geralmente, isso é resolvido por um intermediário, que pode ser o PayPal ou VISA, por exemplo, para rastrear quem é o dono, certificando-se de que, se você me enviar

US$ 10 dólares, esse dinheiro não estará mais em sua conta. Para eliminar a necessidade desse intermediário, as transações devem ser transmitidas por uma rede ponto a ponto, como um registro público que coletivamente contém os detalhes de cada transação enviada e recebida.

E como você vai ler esta palavra várias vezes no *White Paper*, "hash" quer dizer algumas coisas. Uma delas é referente à unidade de medida do poder de processamento da rede Bitcoin[11], quando buscamos entender o poder computacional deslocado para a segurança da rede através de revalidação constante das transações.

Por outro lado, a definição mais precisa de *hash* que encontrei foi esta:

> O *Hash* funciona como uma impressão digital de um conjunto de dados. Ele tem três características principais: livre de colisões (é praticamente impossível encontrar dois *hashes* iguais); é oculto (não é possível descobrir a entrada a partir da saída sem ser por força bruta) e compatível com enigmas (podem ser resolvidos pela força bruta). Esses mecanismos são possíveis através de uma função *hashtag*, um algoritmo de criptografia que transforma um dado de entrada de tamanho arbitrário em um dado de saída de tamanho fixo. A função *hashtag* mais conhecida é a do Bitcoin, o SHA-256[12].

Em outros momentos, *hash* tem o sentido quase literal de "Linha de Código do Bitcoin", como no caso da frase: "Me envia o *hash* da transação que você acabou de fazer pra mim".

Essas são coisas de *nerds*, por isso, comece a se acostumar. Como disse Bill Gates em alguma formatura: "Sorte dos *nerds* de terem nascido após a revolução digital — che-

---

[11] "BITCOIN. Algumas palavras Bitcoin talvez você ouça". Disponível em: https://bitcoin.org/pt_BR/vocabulario. Acesso em 17/nov/2020.

[12] "Insper Educação Executiva Online". Disponível em: <https://www.insper.edu.br/>. Acesso em: 21/out/2020.

gou nossa hora de dominar o mundo — a proclamada revolução *nerd* nunca esteve tão viva"[13].

4.2 - A Introdução

> O comércio na *Internet* passou a depender quase exclusivamente de instituições financeiras que servem como terceiros confiáveis para processar pagamentos eletrônicos. Embora o sistema funcione bem o suficiente para a maioria das transações, ele ainda sofre com os pontos fracos inerentes ao modelo baseado em confiança... Os comerciantes devem ser cautelosos com seus clientes, incomodando-os para obter mais informações do que precisariam[14].

Com o Bitcoin, Satoshi queria cortar intermediários financeiros, mas também eliminar a necessidade de coletar dados pessoais para cada transação. Vindo cinco anos antes da revelação da escala de coleta de dados da NSA, por Edward Snowden, esse foco na privacidade se mostrou presciente e, no mínimo, profético.

Satoshi não era fã de instituições financeiras. O bloco de gênese do Bitcoin, o início da primeira Blockchain da História, contém o texto: "Destaque do *Times* 03 de janeiro de 2009 — Estamos à beira do segundo resgate aos bancos". É uma referência à manchete do jornal daquele dia. Isso prova que o bloco de gênese foi feito após esse momento, mas também comenta o problema da credibilidade das instituições financeiras que impõem um grande custo às pessoas que deveriam servir.

> O que é necessário é um sistema de pagamento eletrônico baseado em prova criptográfica em vez de confiança, permitindo duas partes dispostas a fazer transações direta-

---

[13] Ver: GATES, Bill & GATES, Melinda. "Bill and Melinda Gates' 2014 Stanford Commencement Address", 2020. Disponível em: <https://www.youtube.com/watch?v=wug9n5Atk8c&feature=emb_logo>. Acesso em: 16/nov/2020.

[14] Citação do *White Paper*.

mente entre si, sem a necessidade de terceiros confiáveis. Transações que são computacionalmente impraticáveis de reverter protegem os vendedores contra fraudes, e mecanismos de custódia de rotina podem ser facilmente implementados para proteger os compradores[15].

As provas criptográficas de confiança são usadas há muito tempo para proteger e autenticar as comunicações digitais pela *Internet*. O HTTPS, a versão segura do protocolo *web* HTTP, foi lançado em 1994 e a criptografia de *e-mail* PGP foi desenvolvida em 1991.

4.3 - As Transações

Definimos uma moeda eletrônica como uma cadeia de assinaturas digitais. Cada proprietário transfere a moeda para a próxima, assinando digitalmente um *hash* da transação anterior e a chave pública do próximo proprietário e adicionando-as ao final da moeda. Um beneficiário pode verificar as assinaturas para verificar a cadeia de propriedade[16].

O dinheiro não precisa ser um objeto físico, como já vimos anteriormente. Para cortar os bancos como intermediários, Satoshi concebeu uma "moeda" igual a um registro do histórico de propriedade — um *token* que, no final das contas, nada mais é do que um sistema gerador de senhas — que poderia ser transferido adicionando o endereço do novo proprietário ao final.

Em geral, você pode imaginar uma nota de cem reais em um envelope coberto com as assinaturas e os endereços de todos os que a gastaram anteriormente sendo entregue em sua caixa postal, pelos Correios. Para usá-la, adicione a sua assinatura e envie o envelope por correio. É mais com-

---

[15] *Ibidem.*

[16] *Ibidem.*

plexo do que isso, claro, mas essa analogia dá uma boa ideia de como funciona.

> Precisamos de uma maneira de o beneficiário saber que os proprietários anteriores não assinaram nenhuma transação anterior. Para nossos propósitos, a transação mais antiga é a que conta, portanto, não nos importamos com tentativas posteriores de gastar duas vezes. A única maneira de confirmar a ausência de uma transação é estar ciente de todas as transações[17].

Pense nos mesmos cem reais que lhe foram enviados em um envelope, mas, desta vez, é um cheque e você não sabe se possui o original ou uma fotocópia. Se tornarmos públicos os números de série de todos os cheques descontados por todos no país inteiro, você poderá pesquisar para garantir que ninguém mais passou o mesmo cheque antes de recebê-lo.

4.4 - O Servidor de carimbo de data / hora

> A solução que propomos começa com um servidor de carimbo de data/hora. Um servidor de carimbo de data/hora funciona utilizando um *hash* de um bloco de itens para ser marcado com carimbo de data e hora e publicando amplamente o *hash*, como em um jornal ou publicação da *Usenet*.

Hashing de dados é um processo extremamente útil para verificar a integridade dos dados. Um algoritmo de *hash* usa um tamanho variável de dados como entrada e fornece uma saída de comprimento fixo — portanto, o *hash* de um *download* de filme de cinco *gigabytes* é do mesmo tamanho que o *hash* de um arquivo de texto de dez *kilobytes*. A outra propriedade-chave é que alterar até a menor parte dos dados originais fornece uma saída de valor de *hash* completamente diferente. Tomando o algoritmo de

---

[17] *Ibidem.*

hash SHA256 usado pelo Bitcoin, a palavra *"breaker"* resulta neste *hash*:

1B41EFF7B6A933EE7ED89ECEF78A990002C-6394703408D439D35DE326A01576E

E a palavra *"breakers"* resulta neste *hash*:

CAE30A377D448F2617A624F6FBFCFBB9754D53B-5D657A5D80A7747C0D85329

Veja como são diferentes. Partiram da mesma raiz, mas não são a mesma coisa. Isso significa que, se o *hash* de um bloco de dados for publicado, você poderá confirmar facilmente que os dados não foram alterados. É como dizer que "de uma galinha se faz um *nugget*, mas de um *nugget* não se faz uma galinha" — metáfora dita por um palestrante famoso[18] e o que faz todo sentido para explicar que, apesar de partir da mesma origem, não é possível fazer o caminho de volta à raiz, porque os *hashes* serão sempre diferentes.

4.5 - A Prova de trabalho — *Proof of Work* — Proteção *Anti-spam*

> Para implementar um servidor de carimbo de data/hora distribuído ponto a ponto, precisaremos usar um sistema de prova de trabalho semelhante ao *Hashcash* de Adam Back... A prova de trabalho envolve a verificação de um valor que, quando *hash*, como com o SHA-256, o *hash* começa com um número de zero *bits*. O trabalho médio necessário é exponencial no número de zero *bits* necessário e pode ser verificado executando um único *hash*[19].

---

[18] Trata-se de Dan Tapscott, escritor e pesquisador canadense, especializado em cultura digital em estratégia corporativa. Escreveu o best-seller *Wikinomics: Como a Colaboração em Massa Pode Mudar o seu Negócio*, publicado no Brasil pela Nova Fronteira em 2007. É professor adjunto da Universidade de Toronto, diretor da nGenera e ex-CEO da New Paradigm.

[19] Citação do *White Paper*.

A ideia de tornar as transações computacionalmente caras já existia há algum tempo. O artigo *Hashcash*20, de 2002, de Adam Back — que é uma das oito referências citadas no *White Paper* de Satoshi — propôs um pequeno custo computacional para enviar determinadas mensagens digitais, evitando assim, ataques de negação de serviço e *spam* de *e-mail*.

As transações precisam ser confirmadas pela rede para que todos possam concordar com a sua validade e nenhuma reversão seja possível. Para fazer isso, os dados sobre transações de Bitcoin são agrupados em blocos, que formam a entrada para o algoritmo de *hash*. Os computadores na rede adicionam uma seção de texto indesejado aos dados até encontrarem um valor de *hash* — essa longa sequência de números e letras — que começa com um certo número de zeros e vai aumentando em decorrência do acréscimo da dificuldade do sistema, ou seja, mais pessoas minerando *bitcoins*. Isso requer um grande número de suposições, mas depois que o *hash* foi encontrado, é fácil para qualquer pessoa com os dados de entrada verificar se está correto.

> Uma vez que o esforço da CPU foi gasto para satisfazê-lo, o bloco não pode ser alterado sem refazer o trabalho. Como os blocos posteriores são encadeados depois dele, o trabalho para alterar o bloco incluiria refazer todos os blocos posteriores[21].

Eis aqui o princípio fundador do todo poderoso Blockchain; um nome que você já deve ter encontrado — inclusive neste livro — e cuja origem significa uma cadeia de blocos interligada, na qual nenhuma alteração dos blocos anteriores pode ser refeita, sob pena de invalidar todos os

---

[20] BACK, Adam. "HashCash – A Denial of Service Counter-Measure. Research Gate", 2002. Disponível em: <https://www.researchgate.net/publication/2482110_Hashcash_-_A_Denial_of_Service_Counter-Measure>. Acesso em 17/nov/2020.

[21] Citação do *White Paper*.

registros. Assim, parte dos dados de entrada para cada bloco é uma referência aos dados no bloco que vieram antes.

Como um algoritmo de *hash* fornece uma saída diferente se qualquer parte dos dados de entrada for trocada, se você desejar alterar as transações em um bloco passado, será necessário recalcular o valor do *hash* de cada bloco que veio depois dele, desde a primeira modificação, o que mudaria os dados em cada bloco sucessivo. Quanto mais antigo o bloco, mais poder de computação seria necessário para fazer isso e menos viável se tornaria a alteração do registro.

Esse é o incentivo econômico central do sistema.

Se você quiser atacar a rede do Bitcoin, terá que colocar muito em risco, comprando maquinário e gastando energia elétrica. *Hackear* — ou apenas alterar — qualquer transação envolveria custos altíssimos e retornos duvidosos, uma vez que os *bitcoins* adquiridos com esse ataque perderiam valor automaticamente, pois a rede, como um todo, teria se mostrado ineficiente.

4.6 - A Rede

"As etapas para executar a rede são as seguintes:

1) Novas transações são transmitidas para todos os Nós;

2) Cada Nó coleta novas transações em um bloco;

3) Cada Nó trabalha para encontrar uma prova de trabalho difícil para seu bloco;

4) Quando um Nó encontra uma prova de trabalho, ele transmite o bloco para todos os Nós;

5) Os Nós aceitam o bloco apenas se todas as transações nele forem válidas e ainda não gastas;

6) Os Nós expressam sua aceitação do bloco trabalhando na criação do próximo bloco na cadeia, usando o *hash* do bloco aceito como o *hash* anterior".

Temos primeiro que entender o que Satoshi definiu por "Nó", pois essa parte é específica sobre o sistema de construção dos blocos e disso surgiu o conceito de validação, sem necessidade de terceiros, por parte do Blockchain.

"Em uma rede P2P cada computador ou usuário é chamado de "Nó" e coletivamente eles compõem uma rede P2P de Nós. A rede P2P na Blockchain consiste de uma série de computadores e servidores onde cada um atua como um "Nó" na rede"[22]. Em termos mais simples, Nó é cada um dos computadores que está trabalhando na validação dos dados. A união de comunicação entre dois ou mais computadores forma um Nó — como dois cadarços de um tênis. Uma vez que toda a rede está coletivamente ligada, cada elo, ou seja, cada computador que roda o *software* do Blockchain do Bitcoin, é o que chamamos de Nó.

O processo de anotação das transações do próximo bloco é conhecido como "mineração", que é então, verificar, autenticar e publicar as últimas transações válidas de *bitcoins* na Blockchain — espécie de "livro registro público".

A parte difícil de administrar uma rede descentralizada é manter os Nós e os "mineradores" de acordo, sem uma autoridade de controle. Como saber quem está falando a verdade? Através de uma prova!

De modo geral, "prova de trabalho" no ambiente da informática é "a utilização de um sistema onde o usuário deve provar que gastou um certo tempo para encontrar alguma resposta que satisfaça algum requisito que o verificador pedir. A tarefa de encontrar tal resposta deve ser difícil e trabalhosa para o protocolo funcionar, mas não impossível. A verificação dessa prova, por outro lado, deve ser muito mais rápida e fácil de ser realizada"[23]. Satoshi especi-

---

[22] OWEN, Shawn. "Worried about your data privacy? Blockchain could help you". *Fortune*, 2018. Disponível em: <http://fortune.com/2018/06/27/facebook-data-privacy-Blockchain/>. Acesso em 17/nov/2020.

[23] BITMASSAGE WIKI. "Proof of Work". Disponível em: <https://wiki.bitmessage.org/index.php/Proof_of_work>. Acesso em 17/nov/2020.

fica que um Nó/minerador pode encontrar "uma" prova de trabalho, mas não "a" prova de trabalho verdadeira. Então, como solucionar isso?

Nós diferentes na rede podem resultar em duas ramificações concorrentes na Blockchain. Qual, portanto, será a verdadeira?

Se dinheiro é confiança, no caso do Bitcoin, eleve isso à decima potência, e lembre-se de que confiança e tempo estão intrinsecamente ligados. Por isso, no Bitcoin sobrevive sempre à cadeia que tem mais poder computacional — máquinas minerando a tal cadeia — e a cadeia que a comunidade valide como "a original".

4.7 - O Incentivo

Por convenção, a primeira transação em um bloco é uma transação especial, a *Coinbase*. Toda vez que surge um novo bloco, emite-se um determinado número de *bitcoins* vinculados ao mesmo. Estas moedas passam a pertencer ao criador do bloco. O "minerador" deve anotar as últimas transações da rede de *bitcoins* no bloco. Logo o referido bloco terá a *Coinbase* somada às transações anotadas pelo "minerador" e validadas pelo restante da rede através da função *Hash*.

O "minerador" ganhará a "Recompensa pela Descoberta do Bloco" — atualmente, 6,25 *bitcoin* por bloco, adicionando também as taxas de transação que as pessoas que enviam *bitcoin* pagam no envio.

Isso aumenta os incentivos para os Nós e "mineradores" apoiarem a rede e fornecerem uma maneira de distribuir inicialmente moedas em circulação, uma vez que não há autoridade central para emiti-las. A adição ininterrupta de uma quantidade constante de novas moedas é análoga aos garimpeiros que gastam recursos para adicionar ouro à circulação. No nosso caso, é gasto o tempo da máquina do computador e a eletricidade. A única maneira de criar *bitcoins* é como recompensa por encontrar o valor de *hash* de um novo bloco de transações — começando com uma sequência de zeros. Este é o princípio da "mineração".

É claro que a "mineração" hoje se expandiu para uma escala que Satoshi não previa, dominada por operações industriais do tamanho de grandes galpões, em vez de *hardware* de computador pessoal. Olhando para trás, a "mineração" profissionalizada foi uma consequência embutida de um protocolo de criação de moedas, que recompensou mais poder de processamento com mais *bitcoins*. No entanto, teria sido difícil antecipar que o *bitcoin* atingisse o valor financeiro que tornaria isso viável. Era um sonho muito longínquo. Por isso, quem lê o *White Paper* original, não encontra nada sobre "mineradores". Na concepção inicial, os Nós seriam os "mineradores", algo que não se concretizou, pois qualquer máquina que tenha um registro completo do Blockchain do Bitcoin é um Nó, mas somente maquinário muito especializado consegue minerar blocos de Bitcoin.

> O incentivo pode ajudar a motivar os nós a permanecerem honestos. Se um invasor ganancioso for capaz de reunir mais energia da CPU do que todos os Nós honestos, ele terá que escolher entre usá-lo para fraudar as pessoas roubando seus pagamentos ou usando-o para gerar novas moedas. Ele deveria achar mais lucrativo seguir as regras, regras que o favoreçem com mais moedas novas do que todos os outros combinados, do que minar o sistema e a validade de sua própria riqueza.

Parte da genialidade do Bitcoin é que mesmo um ator, puramente egoísta, é incentivado a apoiar a rede, em vez de agir contra ela.

4.8 - Recuperando espaço em disco

> Desde que a última transação em uma moeda é garantida através uma quantidade suficiente de blocos, as transações gastas antes dessa última transação podem ser descartadas

para guardar espaço no disco (HD) do computador. Para facilitar isso sem quebrar o *hash* do bloco, transações assumem seus *hashes* em uma Árvore de Merkle[24], com a única raiz incluída no *hash* do bloco. Blocos mais antigos podem ser compactos podando os ramos desta árvore. Os *hashes* interiores não precisam ser armazenados.

Aqui está uma das poucas partes do *White Paper* que ainda não foram totalmente implementadas. O fato de não ser usado integralmente é um lembrete de que o registro é apenas a estrutura teórica de uma pessoa. Foi necessária uma equipe de desenvolvedores para escrever o *software* que tornaria o Bitcoin uma realidade, e as mudanças foram feitas ao longo do caminho; inclusive a tecnologia do Bitcoin ainda tem muito a evoluir.

4.9 - A verificação de pagamento simplificada

> É possível verificar pagamentos sem executar um Nó de rede completo. Um usuário só precisa manter uma cópia dos cabeçalhos dos blocos da cadeia de provas de trabalho mais longa, que ele pode obter consultando os Nós da rede até estar convencido de que ele tem a cadeia mais longa, e obter a ramificação Merkle vinculando a transação ao bloco com registro de data e hora. Ele não pode verificar a transação por si próprio, mas, vinculando-a a um local da cadeia, pode ver que um Nó da rede a aceitou e bloqueia os itens adicionados depois de confirmar que a rede a aceitou[25].

Satoshi não conseguiria adivinhar que essa seria a parte mais controversa do *White Paper*. Apoiadores do *Bitcoin Lite*, uma versão paralela do *software*, usam essa téc-

---

[24] Para maiores informações sobre a Árvore de Merkle, indico o *site* Wikipedia. Disponível em: <https://pt.wikipedia.org/wiki/%C3%81rvores_de_Merkle>. Acesso em 17/nov/2020.

[25] Citação do *White Paper*.

nica para operar na rede de Bitcoin sem baixar o Blockchain completo. Porém, existe um grande debate sobre o tema, tendo como protagonistas os desenvolvedores de Bitcoin focados em segurança — o pessoal do *Bitcoin Core*, o *software* diretamente descendente do Bitcoin original —, que argumentam que todos os Nós de Bitcoin devem ser Nós completos. Uma disputa antiga na comunidade, entre *Node versus Full Node*.

Por outro lado, os clientes *Lite* são mais fáceis de configurar para novos usuários, o que ajuda na adoção geral do Bitcoin. Cada opção vem com uma troca. São os famosos *trade offs* — palavra que não tem tradução em português, mas que significa balancear vantagens e desvantagens entre várias opções.

Basicamente, temos Escalabilidade x Descentralização x Segurança.

4.10 - Combinando e dividindo valor

Embora fosse possível manipular moedas individualmente, seria difícil realizar uma transação separada para cada centavo em uma transferência. Para permitir que o valor seja dividido e combinado, as transações contêm várias entradas e saídas. Normalmente, haverá uma única entrada de uma transação anterior maior ou várias entradas combinando valores menores e no máximo duas saídas: uma para o pagamento e outra retornando à alteração, se houver, de volta ao remetente.

Para compor a soma exata da transação de Bitcoin, há duas opções:

1ª) um pedaço de *bitcoin* de maior valor em sua carteira é dividido em dois — um enviado para o destino e a diferença volta para você;

2ª) pedaços menores são combinados para gerar uma quantia maior, com a sobra voltando para você.

Em certo sentido, é como comprar algo com dinheiro em uma loja. Se você quiser comprar US$ 13 dólares em mantimentos, pode dar ao funcionário US$ 10 dólares e três notas de um dólar para fazer o total, ou você pode entregar uma nota de US$ 20 dólares e obter US$ 7 dólares de troco. A diferença com o *bitcoin* é que o "troco", ou seja, a sobra, será devolvida em uma única quantia, tal se fosse uma nota de US$ 7 dólares. Portanto, se a sua carteira comum fosse como uma carteira de Bitcoin, ela seria preenchida com notas de valores irregulares — US$ 2.65, US$ 51.03, US$ 0.02 dólares e assim por diante — e você teria que combiná-las para comprar algo, recebendo outra quantia irregular de dinheiro como troco.

Lembre-se de que aquilo que para uns pode parecer irregular em dólares, para outros é o exato número de *Satoshis* vinculados às respectivas transações.

4.11 - Os Cálculos

Esta parte é muito técnica e, honestamente, desenvolvedores e matemáticos dariam conta de destrinchá-la muito melhor do que eu, que estou longe de ter formação para tal. Assim sendo, convido você a fazer isso, se achar necessário, consultando a fonte original.

E por favor, me explique, se possível!

4.12 - A Conclusão

Propusemos um sistema para transações eletrônicas sem precisar de confiança. Começamos com a estrutura usual de moedas feitas a partir de assinaturas digitais, que fornece um forte controle de propriedade, mas é incompleta sem uma maneira de evitar gastos duplos. Para resolver isso, propusemos uma rede ponto a ponto, usando prova de trabalho para registrar um histórico público de transações, que rapidamente se torna computacionalmente impraticável para um invasor mudar, se nós, honestos, controlarmos a maioria da energia da CPU. A rede é robusta em sua simplicidade não estruturada[26].

A rede é robusta em sua simplicidade não estruturada" talvez seja a linha mais poética no *White Paper* de Bitcoin. Uma frase sucinta da filosofia que sustenta a tecnologia Blockchain.

E assim, com apenas alguns milhares de palavras, Satoshi deu à luz a primeira criptomoeda descentralizada destinada a fazer História e deixar um legado.

---

[26] Citação do *White Paper*.

CAPÍTULO 5

QUE COMECE A JORNADA

"Nasrudin postou-se na praça do mercado e dirigiu-se à multidão:

— Ó povo deste lugar! Querem conhecimento sem dificuldade, verdade sem falsidade, realização sem esforço, progresso sem sacrifício?

Logo juntou-se um grande número de pessoas, todas gritando em coro:

— Queremos, queremos!

— Excelente! — disse o Mullá. — Era só para saber. Podem confiar em mim. Lhes contarei tudo a respeito, caso algum dia descubra algo assim".

Contos de Nasrudin

Entrar na "Toca do Coelho" exige muita curiosidade e determinação.

Conheço centenas de pessoas que se beneficiaram com as criptomoedas em 2017, sem conhecimento profundo. Este não foi o caminho que escolhi e, muito menos, o que recomendo. Não é possível fazer algo direito, sem saber o que se está fazendo, por isso, alguns chamam os grandes ganhos de sorte. Nunca se tratou de sorte, e sim de reconhecimento de padrões.

Meu canal de vídeos no *YouTube* (@danielduarte), os grupos de troca de informações entre amigos, *experts*, curiosos e investidores, as aulas que ministrei no início da minha própria jornada e até este livro, giram em torno do mesmo objetivo: o de que cada um, que sinta o apelo desse desafio, possa estudar e recolher mais dados.

Não há um dia de minha vida, desde aquele debate sobre *bitcoins* com Ray Nasser, o investidor de Blockchain, empreendedor, economista de criptomoedas e entusiasta monetário, por telefone, nos idos de setembro de 2016, que eu mesmo não esteja atrás de algo que possa acrescentar ao tema.

Essa atitude, encarada como praticamente "obsessiva" por meu círculo mais próximo, não me torna o maior conhecedor de Bitcoin do planeta. Se estudo todos os dias sobre o tema, só reafirmo que pouco sei. É justamente essa atitude obsessiva que me dá a certeza que preciso para comprar, vender, aguardar e mudar a minha carteira, completamente, quando me certifico de que o vento começará a soprar para outro lado. Talvez eu tenha pego emprestado esse método do *surf*. Surfistas têm que desenvolver habilidades conscientes e inconscientes, para, além de encontrar a melhor onda, não tomar a pior "vaca" da sua vida ou, até mesmo, se afogar.

Você pode não surfar, mas sei que entende o que quero dizer. Provavelmente, é bom em algo que exige um pouco de inspiração e muito de transpiração. Para fins de investimento, a inspiração é essa habilidade inconsciente de entender que as mudanças estão acontecendo e que temos que antecipar movimentos. A transpiração é o entrar e sair duzentas vezes do mar em busca da onda perfeita. É o treino, a constância, o refinamento das técnicas, a busca pelos melhores equipamentos, locais e oportunidades.

Agora, o ponto principal: mesmo que eu descreva como surfar e, didaticamente, aponte os melhores caminhos, você só saberá da sensação se estiver, você mesmo, deslizando sobre uma prancha no mar, e não na sala da sua casa. Só "dropa" uma onda quem tomou muito caldo antes. Só surfa um tubo quem está disposto a se machucar bastante, caso o plano de sair no final do túnel não dê certo.

Por isso digo, e ressalto, que é importante estudar muito o assunto!

A partir disso, você descobrirá um ponto de interesse e mergulhará nele. Pode ser que se encante com o desenvolvimento, a mineração, a volatilidade, as taxas, a legislação... Não importa. O que resolver abraçar será extremamente útil para a segunda fase, que é o investimento em si.

Quanto mais conhecer sobre o assunto, mesmo que por um dos ângulos, melhor será o aprimoramento das habilidades inconscientes, que farão com que perceba a hora de remar, ou de evitar a onda. Contudo, não deixarei que você comece sozinho. Não me parece justo, uma vez que você está lendo este livro para saber mais sobre algo que, provavelmente, já tem o seu interesse.

Por isso, na última parte do livro, você encontrará um "Guia Turístico da Toca do Coelho", com o material que recolhi em pesquisas durante minha vida e que me ajudou a andar com segurança pelo universo do Bitcoin. São indicações de *sites*, vídeos, livros e artigos confiáveis sobre o tema. Qualquer coisa que encontrar nas indicações poderá ser a sua porta de entrada para camadas mais profundas.

E agora vamos ao que interessa a quem já conhece um pouco e se comprometeu a imergir. Sigamos para o campo de jogo!

PARTE II
SKIN IN THE GAME

CAPÍTULO 6

ANTES DE TUDO, POR QUÊ?

> "Eu sei que você está aí fora. Eu posso senti-lo agora. Eu sei que você tem medo. Você tem medo de nós. Você tem medo de mudanças. Eu não sei o futuro. Eu não vim aqui para dizer como isso vai acabar. Eu vim aqui para dizer como isso vai começar. Eu vou desligar esse telefone, e então eu vou mostrar a essas pessoas o que você não quer que elas vejam. Eu vou mostrar-lhes um mundo sem você. Um mundo sem regras ou controles, sem barreiras ou fronteiras. Um mundo onde tudo é possível. Onde vamos, daqui, é uma opção que eu deixo para você".
>
> **Neo**, em *Matrix*.
> Direção Lilly e Lana Wachowski, 1999

Em janeiro de 2020, na Latin America Investment Conference — LAIC, evento organizado pelo Credit Suisse — me perguntaram o que me fazia dedicar 100% do meu tempo ao Blockchain e ao "cripto"? O resumo da minha resposta só poderia ser: a curiosidade pelo novo.

Criptomoedas são unidades numéricas digitais cuja contabilidade é descentralizada. O funcionamento desses sistemas ocorre usando uma rede de computadores distribuída. Para garantir a invariabilidade da base da cadeia de blocos de transações, são utilizados elementos de criptografia — assinatura digital baseada em um sistema de chave pública, *hash* sequencial.

A nomeclatura foi corrigida após a publicação de um artigo sobre o sistema Bitcoin *"Crypto currency"* (moeda criptográfica), publicado em 2011 na revista *Forbes*[27]. O autor do próprio Bitcoin, como muitos outros, chamava de "dinheiro eletrônico". Dessarte, em termos simples, a criptomoeda é o dinheiro eletrônico de um novo sistema de pagamento. Essa moeda "aparece" na forma de informações criptografadas, construídas de acordo com um determinado algoritmo (protocolo) e, como resultado, é impossível falsificá-la.

Em torno da recente tecnologia do "dinheiro", há muito debate sobre o seu reconhecimento e uso. E isso é normal no nascimento de um novo sistema de pagamento. O Bitcoin também tem emissões como o dinheiro comum. A única diferença — e vantagem — é que o Bitcoin tem emissão limitada. Não há impressora que possa constantemente produzir esse dinheiro eletrônico. Todas as vantagens do Bitcoin, se reconhecidas, podem ser a base para o lançamento do novo sistema de pagamento.

E se é novo, intangível e, de certa forma, misterioso e inseguro para os investidores tradicionais, por que o número de criptomoedas está crescendo? De fato, a criptomoeda não é lastreada por nada. Essa é uma das primeiras perguntas que os recém-chegados fazem. Ela tem apenas um código criptografado. Isso não quer dizer que falta de lastro

---

[27] GREENBERG, Andy. *Crypto Currency*, 2011. Disponível em: <https://www.forbes.com/forbes/2011/0509/technology-psilocybin-bitcoins-gavin-andresen-crypto-currency.html?sh=23bdd131353e>. Acesso em 16/nov/2020.

signifique ausência de valor, ou mesmo, que uma criptomoeda específica — como *bitcoin* — não tenha lastro.

O principal regulador do valor da criptomoeda é o seu reconhecimento pelos usuários em todo o mundo, como um meio de acordos mútuos. Essa é a força do Bitcoin, única criptomoeda que tem mais de dez anos de uso e que tem volumes de negociação únicos nesse mercado.

Minha analogia é que, atualmente, o Bitcoin é o epicentro, o Sol do Sistema Solar *Crypto*.

O aumento atual do interesse em moeda eletrônica está, precisamente, causando o surgimento de inúmeras novas criptomoedas. A necessidade (demanda) está crescendo e muitas pessoas têm pensado em como construir um negócio em torno disso.

Há muita informação sobre isso na *Internet*, na televisão, no rádio. E, como resultado, há um aumento no interesse. O aparecimento do assunto na mídia indica, indiretamente, um aumento na demanda. Tudo isso gera, em certa medida, o reconhecimento da criptomoeda e a evolução do sistema de pagamento.

De fato, o dinheiro, incluindo o eletrônico, é um produto específico que tem maior liquidez, serve como uma medida do valor de outros bens e serviços e também é usado como intermediário para trocar alguns bens por outros.

Conhecendo os fundamentos da Economia, o preço de um produto aumenta com o crescimento da demanda e oferta limitada.

Por enquanto, o mercado de criptomoedas ainda está sendo formado, portanto, não há regras de "jogo". A criptomoeda, nesta fase, é usada mais como meio de especulação e a função de liquidação e pagamento está sendo formada, apenas. O crescimento da taxa de criptomoeda também pode depender do comportamento de grandes investidores, do desempenho dos jogadores nas trocas, da aparência de qualquer informação sobre a proibição ou, na contramão, do reconhecimento como instrumento de pagamento.

Com isso, quero dizer que o Futuro está na formação de um novo sistema de pagamento que será baseado em novas tecnologias digitais, em criptomoeda. Sua necessidade é causada pela exigência de algo novo, mais eficiente e menos descentralizado do que o dinheiro comum. Ou seja, tudo que a criptomoeda já é.

Quanto tempo levará para seu reconhecimento no mundo e em quanto tempo funcionará plenamente? É difícil, para mim, responder a esta pergunta, mas o começo já foi feito. Por exemplo, em 1 de abril de 2017, o Japão reconheceu, no Legislativo, a criptomoeda como moeda legal. A lista inclui também *bitcoin, ripple, litecoin,* entre outros. Na Alemanha, *bitcoin* é uma moeda. Na Suíça, a criptomoeda é equiparada a dinheiro estrangeiro. Atualmente, "a pandemia destacou o valor de ter acesso a diversos meios de pagamento e a necessidade de qualquer meio de pagamento ser resiliente contra uma ampla gama de ameaças"[28], disse Raphael Auer, economista do Departamento Monetário e Econômico do Bank for International Settlements (BIS).

A China apresentou o papel-moeda ao mundo e, agora, traz o modelo de pagamento totalmente virtual. Para o povo, independente até de conexão com a *Internet*, pode ser realizado de celular a celular. O Banco do Povo da China (BPC) — equivalente ao nosso Banco Central — anunciou que já testa uma criptomoeda soberana, o "digital *renminbi*" — nome da moeda local. Funciona como um *bitcoin*, só

---

[28] Ver: ZMOGINSKI, Felipe. "China anuncia criptomoeda própria em golpe fatal contra dinheiro em papel". 2020. Disponível em: <https://www.gazetadopovo.com.br/vozes/missao-china/china-anuncia-criptomoeda-propria-em-golpe-fatal-contra-dinheiro-em-papel/#:~:text=%22A%20pandemia%20destacou%200%20valor,Monet%C3%A1rio%20e%20Econ%C3%B4mico%20do%20BIS>. Acesso em 16/nov/2020.

que de forma centralizada e com lastro em dinheiro de verdade, emitido pelo BPC.[29]

Mencionei apenas parte dos Estados que estão caminhando nessa direção e entendo que este será o Futuro.

A tecnologia Blockchain não será usada apenas para criar criptomoedas, mas também em outras áreas importantes. O líder supremo do partido e do país chinês foi explícito, em 2019, ao dizer que Blockchain seria uma das fronteiras de inovação que a China iria dominar.

Se me permitirem um pouco de futurologia; a presença de várias vantagens ajudará o Bitcoin a tornar-se a base de um novo sistema de pagamento. A meu ver, uma espécie de "ouro digital", que fará a interligação entre o dinheiro digital chinês e o dólar digital que, em sua versão chancelada pelo Federal Reserve (FED), não deve demorar a aparecer.

As vantagens do *Bitcoin* incluem:

1ª) *Irreversibilidade*: após a confirmação, a transação não pode ser cancelada, sob nenhuma circunstância. Ninguém pode intervir no processo: nem você, nem o seu banco, nem o presidente, nem Satoshi Nakamoto, nem um "minerador" isoladamente, nem uma "piscina de mineração" (*pool*). Ninguém. Se você enviou seu dinheiro a um fraudador, ou um *hacker* o roubou do seu computador, ninguém o ajudará, mas também ninguém pegará de volta o que foi enviado a você;

2ª) *Anonimato e/ou Pseudo-Anonimato*: nem transações, nem contas estão associadas a uma entidade do mundo real. Você recebe *bitcoins* no chamado "endereço", que é uma sequência aleatória de caracteres. Como regra, é possível rastrear o fluxo de transações, mas o endereço não precisa estar conectado à identidade real do usuário;

---

[29] ZMOGINSKI, Felipe. "China cria criptomoeda própria e avança para matar o dinheiro em papel". *TILT*, 2020. Disponível em: https://copyfromchina.blogosfera.uol.com.br/2020/04/29/china-cria-criptomoeda-propria-e-ameaca-a-existencia-do-dinheiro-em-papel/?cmpid=copiaecola. Acesso em 17/nov/2020.

3ª) *Velocidade e alcance global*: as informações da transação são distribuídas *on-line* quase instantaneamente e são confirmadas em, aproximadamente, dez minutos. Como todo o processo ocorre em uma rede global de computadores, sua localização física não importa. Não faz diferença se você envia *bitcoin* para seu vizinho ou alguém em outro continente. O *bitcoin* sempre estará na rede e anotado no Blockchain;

4ª) *Segurança*: o saldo de *bitcoins* é fixado em um sistema criptográfico com uma chave pública. Somente o proprietário da chave privada pode enviar criptomoeda para outros endereços. A criptografia e a magia de grandes números tornam esse esquema quase imune a *hackers*;

5ª) *Desregulamentação*: você não precisa pedir permissão a alguém para usar criptomoeda. É apenas um *software* que está disponível para todos. Ao instalá-lo, você pode receber e enviar *bitcoins* ou outras criptomoedas.

Muitas empresas, varejistas e lojas *on-line* já aceitam *bitcoin*. Você pode comprar bens e serviços, ou usá-lo como meio de acumulação, para investimento. O *site Coin Map*[30] agrega e lista vendedores de produtos e serviços com pagamento em *bitcoin*.

Caso você seja, além de curioso ou investidor, também um empreendedor, pode — e deve — pensar na possibilidade de aceitar *bitcoin* em seu *e-commerce*, pelo menos. Essa seria a maneira mais rápida, para quem está começando, de receber criptomoedas sem investir.

Portanto, a questão do Futuro da criptomoeda não surge particularmente. A pergunta é diferente: em que estágio estamos? No momento da redação deste capítulo, apesar de muita oscilação por conta de uma pandemia de Covid-19, a taxa de câmbio do *bitcoin* está próxima dos dez mil dólares E, como você já deve ter notado, seu valor está em constante crescimento, em longo prazo.

---

[30] COIN MAP. Disponível em: www.coinmap.org. Acesso em 17/nov/2020.

Nessa questão, expressarei meu ponto de vista, de um simples investidor com uma educação financeira. Não pretendo mais comprar *bitcoin*, ou outra criptomoeda apenas para pagar o jantar em um café em outro país, ou comprar cigarros eletrônicos. Eu uso o *bitcoin* como um investimento de longo prazo, contando com um aumento constante em seu valor. Ou seja, minha tese é que o *bitcoin* tende a se consolidar como um "meio de reserva de valor" relevante no século XXI.

Não posso determinar o valor razoável do *bitcoin*, fazer análises ou previsões. Quanto a isso, são mais eficazes os analistas de mercado capazes de apresentar informações que afetam o comportamento dos investidores. Sim, o Bitcoin tem falhas e nem todas elas ainda são sequer conhecidas. O custo do dinheiro eletrônico pode cair? Claro que pode! E você deve entender que, se decidir comprar *bitcoins* como investidor, assume os riscos de seus investimentos.

O crescente reconhecimento da criptomoeda em nível estatal fala de sua relevância. E se nesta lista existe o Japão, que acompanha a tecnologia, então, para mim, é um indicador de perspectiva. Ao promover o interesse, nós mesmos criamos excitação, demanda e, como resultado, o crescimento dos usuários de *bitcoin* e seu consequente acúmulo de valor.

Você também precisa entender que a emissão de *bitcoin* é limitada por um protocolo de vinte e um milhões de *bitcoins*. No momento, temos pouco mais de dezoito milhões de *bitcoins*. É para isso que serve o *halving*, para diminuir a quantidade de *bitcoins* emitidos. Assim sendo, *bitcoin* não é uma moeda infinita e, muito possivelmente, esse número máximo de moedas será obtido em 2140.

No momento da produção deste livro, maio de 2020, já ocorreu o terceiro *halving* do Bitcoin. Ou seja, mais uma vez, a emissão diária caiu pela metade. O primeiro ciclo de emissão foi de cinquenta *bitcoin* por bloco, depois de 2012 a 2016 – vinte e cinco *bitcoins* por bloco. De quando entrei no mercado, isto é, de 2016 até 2020, a emissão diária foi de 12,5 por bloco — o equivalente a mil e oitocentos *bitcoins*, por dia. E, a partir de agora, meu leitor, até 2024, a emissão será de novecentos *bitcoin* por dia para todo o mundo, com muita liquidez injetada artificialmente; em outras palavras, um ativo que tende a se tornar muito escasso.

Tenho certeza que pelo menos 3,5 milhões de *bitcoins* já foram perdidos. Isso decorre da transparência do Blockchain, que possibilita enxergar suas entranhas e assim, podemos concluir diversas coisas, inclusive o número de *bitcoins* que provavelmente não estão mais acessíveis.

Em paralelo, a Organização das Nações Unidas (ONU) e o censo dos Estados Unidos concordaram que, até 2050, a população mundial crescerá para 9,5 bilhões de pessoas. Se essa previsão realmente for verdadeira, em 2050, haverá menos de 0,0022 *bitcoins* por pessoa no planeta, considerando que nenhum *bitcoin* tenha sido perdido.

Calculemos: se você comprar 0,28 *bitcoins* e esquecer deles até lá, pode ter certeza de que apenas 1% da população mundial terá condições de comprar mais *bitcoin* do que você. Cerca de US$ 2,8 mil dólares investidos hoje darão a você o direito de pertencer ao 1% dos entusiastas de criptoativos mais ricos do Futuro.

Há quatro anos, tive a certeza que *bitcoin* era dinheiro enquanto os meus colegas de mestrado passavam horas debatendo o tema. Hoje, me sinto tranquilo em caracterizar o *bitcoin* como "ouro digital". Num mundo de emissão descontrolada, a escassez será valorizada.

Essas estatísticas, de forma suspeita, correspondem exatamente à previsão de um "viajante do tempo". A história surgiu num *post* publicado no *Reddit*, em 2013. Ele era assinado por alguém autodenominado Luka Magnotto, que se dizia "vindo" do Futuro, mais precisamente de 2115. Dentre outras coisas, Magnotto alegava que

(...) o *bitcoin* é a principal moeda mundial. Todo mundo que tem 0,1 *bitcoins* é muito rico, (...) a quantia média de economia de dinheiro de uma pessoa comum não excede 0,001 *bitcoins*[31].

Ficção ou fato, o certo é que esse *post* se mostrou absolutamente preciso em relação ao preço do *bitcoin* até 2018.

Não me pergunte se acredito nisso. Prefiro não dar importância para a previsão do garoto que diz que o *bitcoin* chegará a US$ 1.000.000 de dólares em 2021. Mas, que a cultura do Bitcoin e seus círculos sociais trazem anedotas engraçadas, isso é fato!

---

[31] Trata-se de uma famosa postagem realizada na rede social *Reddit*, no ano de 2013. Tal postagem se tornou ainda mais conhecida, pois o postador, Luka Magnotto, autointitulado indivíduo do futuro, acertou várias das previsões que fizera na referida publicação. Ver: https://www.reddit.com/r/Bitcoin/comments/1lfobc/i_am_a_timetraveler_from_the_future_here_to_beg/. Acesso em 17/nov/2020.

CAPÍTULO 7

BEM-VINDOS, FUTUROS INVESTIDORES

> "You say you got a real solution
> Well, you know
> We'd all love to see the plan
> You ask me for a contribution
> Well you know
> We're all doing what we can".
>
> **The Beatles,** *Revolution 1*

Comecei a levar o Bitcoin realmente a sério quando decidi retirar todo o meu dinheiro do banco para comprar o máximo de *bitcoins* possível, no dia da eleição de Donald Trump à presidência dos Estados Unidos, em 2016. Eu não recomendaria isso a ninguém, em sã consciência, mas, felizmente, faria novamente, ainda mais, sabendo o que sei hoje. Meses de espera foram necessários para que tudo funcionasse como eu imaginara — e pudesse explicar, até para mim mesmo, como fiz aquilo.

Para todos aqueles que riem com o canto da boca, sacodem os ombros e falam que foi "sorte de principiante", digo que pode ter sido qualquer coisa, menos sorte.

Sorte teve a pessoa que vendeu duas pizzas por dez mil *bitcoins*. Esta história é real — e posso até dizer que essa transação foi o início do valor comercial do *bitcoin*. Antes de continuar, para ficar claro, na época da transação "sortuda", o *bitcoin* tinha menos de dois anos de existência e o preço de cada moeda era apenas de uma fração de um centavo.

A história começou quando um programador da Flórida, chamado Laszlo Hanic, quis pizza e foi ao fórum de *Bitcoin Talk* e propôs: "Pagarei dez mil *bitcoins* por algumas pizzas, por exemplo, por algumas grandes — para que não sobre muito no dia seguinte". Quatro dias depois, pelo Internet Relay Chat (IRC), o entregador da pizzaria Papa Johns, Jeremy Sturdivant ofertou duas pizzas grandes. Naquele momento, dez mil *bitcoins* custavam cerca de US$ 41 dólares, quase o equivalente a duas pizzas de US$ 25 dólares.

Acredita-se que esta foi a primeira transação na História na qual o *bitcoin* foi trocado por um produto ou serviço real. Hanich e Sturdivant abriram ao mundo inteiro as possibilidades reais de *bitcoin*, sobre as quais os vendedores e consumidores nem estavam cientes. Desde o início, ambos eram entusiastas de Bitcoin e, atualmente, continuam a seguir o mundo das criptomoedas. No momento da transação, porém, nenhum deles havia percebido o quão memorável essa história se tornaria.

A transação se tornou pública e o *bitcoin* experimentou um tremendo crescimento. Logo após o acordo, Sturdivant anunciou que havia vendido os dez mil *bitcoins* por US$ 400 dólares. Ele lucrou dez vezes mais, embora pudesse ter milhões, caso esperasse mais um pouco, pois hoje, dez mil *bitcoins* valem cerca de US$ 100 milhões de dólares.

A questão que temos é: será que você tem instintos *kamikazes* como eu, ou *feeling* como o entregador de pizzas?

Porque investir em *bitcoins* é — com ou sem a questão de cautela envolvida — algo que, agora sim, eu posso dizer, em sã consciência, que funcionou para mim.

Se você quer começar a investir do zero, tenho boas notícias: é tão parecido quanto mexer com investimentos tradicionais, ainda que diferente. Um pouco de conhecimento básico e — mais uma vez! — interesse pelo assunto que lhe mova a estudar serão suficientes.

Quando dava aulas para os amigos, via *Skype*, e ensinava como operar com *bitcoin*, acabei por traduzir um manual muito útil, e ainda atual — apesar de todas as mudanças tecnológicas que sempre acontecem mais rápido do que gostaríamos. O bom é que daquele tempo para cá, mais opções, inclusive no Brasil, surgiram, e também posso indicar plataformas com suporte em português — o que está elencado no "Guia Turístico da Toca do Coelho", no apêndice deste livro, e nos poupa de fazer um tutorial com *print* de tela e passo a passo, pois a navegação nas plataformas de corretagem brasileiras é quase "intuitiva".

A seguir, pontuarei os principais aspectos das operações básicas, sabendo que, daqui para frente, não há mais desculpa para dizer que é "interessante, mas difícil de começar". Não é difícil. Pode ser desafiador, ou "tão inusitado quanto o momento em que você registrou seu primeiro endereço de *e-mail*" — se lembra disso? Não sabia se estava no caminho certo, mas as instruções eram claras e no fim, você conseguiu. É o que vai acontecer.

Contudo, atenção! É preciso alertá-lo da importância de terminar a leitura deste livro antes de decidir o que vai fazer. Por quê? Porque existem riscos.

Trata-se de investimento. Estamos falando do mercado financeiro e de um ativo — para fins deste capítulo — extremamente sensível e volátil. Ganhei e ganho muito, mas perdi e perco muito. A diferença é que estou falando do meu dinheiro, não do seu. Por isso, vou mostrar como começar, mas não comece ainda, porque há muito mais a ponderar antes da duplicação do seu investimento e numa dimensão de tempo bem diferente do mercado tradicional.

Assim, as três recomendações principais são:

1ª) Se informe sobre o histórico das corretoras;

2ª) Defina em que carteira deixará a sua moeda;

3ª) Tenha um sistema de segurança — *backup*.

7.1 - Informações de Mercado e Corretagem

A informação sobre os preços está disponível na *Internet*. Uso dois *websites* para isso de forma constante, e pesquiso em outros lugares quando vejo muitas diferenças.

Quanto às corretoras, é complicado fazer indicações. Não porque não ache que existam boas corretoras no Brasil e no mundo, mas, porque é um universo muito dinâmico. Citar no corpo do texto essa ou aquela corretora não me parece adequado. Ao longo do tempo, as minhas corretoras preferidas para fazer uma recomendação já mudaram algumas vezes e provavelmente mudarão de novo depois da publicação do livro.

Toda a ideia deste livro é mostrar o que faço e o que dá certo para mim. Nunca haverá garantia alguma de que qualquer sugestão funcionará 100% para você, mas minha experiência me fez encontrar corretoras confiáveis e o processo de adesão é igual ao das corretoras tradicionais: você fará um cadastro, enviará os seus documentos e depois de tudo aprovado, começará a operar.

É preferível que você comece a operar com corretoras do Brasil. Isso traz muitas vantagens, e o idioma é apenas uma delas, porque você precisa se acostumar com a terminologia do mercado. Além disso, ter um telefone real para onde ligar e um sistema de suporte que fale a sua língua, em horário comercial, é muito mais do que importante para quem está começando a investir.

Outra dica importante é consultar o *site* Reclame Aqui. Veja quais tipos de problemas as pessoas tiveram com quais corretoras e, o mais importante, se as reclamações foram resolvidas. Isso não garante 100%, mas ajuda.

As taxas de corretagem variam entre as opções que uso e isso é praxe de mercado e significa concorrência saudável e necessária. Algumas não cobram taxa por operação de compra e venda de *bitcoins*, mas sim na retirada. Outras fazem ao contrário, e tudo isso pode variar, inclusive, com alternância de estratégias dentro de uma mesma corretora.

Última dica: pesquise o volume de *bitcoins* negociado diariamente na corretora que você estiver pesquisando. *Volume* e *Histórico* são os dois dados mais importantes na minha opinião.

E não se intimide e entre em contato com o suporte para tirar quaisquer dúvidas.

7.2 - Carteira para guardar a criptomoeda

O coração do Bitcoin, como sistema, é a liberdade e autossuficiência. Por definição, não deveríamos depender de ninguém para guardar nossa moeda ou intermediar transações — *essa é a proposta "raiz" do Bitcoin.*

Obviamente, tem muita gente que não quer se aprofundar em tecnologia, apenas se beneficiar do processo em si, por isso foram criados alguns modelos de carteiras. Existem diferentes tipos de carteiras digitais para guardar as suas moedas e você precisa conhecê-las para definir qual a melhor para a finalidade que escolher.

O conceito fundamental é: guarde as suas moedas digitais em uma carteira.

Pense no mundo real. No dia a dia você pode usar uma carteira para o trabalho, guardando reais. Não precisa levar nessa carteira os dólares que tem, nem os euros. Mas se for à Europa, será mais interessante tirar os reais e manter as notas de euro. No mundo digital é da mesma forma: carteiras específicas para moedas diferentes. Contudo, nada impede que as suas notas de várias bandeiras estejam na mesma carteira. Isso também é possível para as "criptos", com o uso das carteiras multimoedas e multi-ativos.

Simplifique a sua vida, inicialmente, com uma carteira multi-ativos que possa guardar várias das moedas e dos ativos mais populares.

Os diferentes tipos de carteiras também têm relação com o nível de segurança e finalidade. Por isso, mesmo para uma pessoa moderada, pode ser interessante ter carteiras diferentes.

7.3 - Carteiras quentes e frias

Uma distinção básica é a diferença entre uma "carteira quente" (*Hot Wallet*) e uma "carteira fria" (*Cold Wallet*). Quente é aquela que você usa com frequência, por isso, mais vulnerável. Imagine que é o dinheiro que está no bolso das suas calças. Muito usado, mas não muito cheio. Não há "milhões" no bolso das suas calças, certo?

Já as carteiras "frias" são aquelas que você acessa *off-line* e então, com controle individual e segurança. Relacione essa ideia a um cofre no seu escritório. Com a prática, você fará retiradas da carteira quente para fria e vice-versa, obviamente deixando sempre o máximo possível na sua carteira fria.

7.4 - *Desktop*, *On-line* ou *Web*, Móvel, *Hardware*

Desktop:

É simplesmente uma carteira instalada em um computador. Você precisará ter acesso à *Internet*, mas também poderá gerenciar as suas moedas *off-line*. Falando de modo geral, uma carteira *desktop* é um meio-termo entre segurança e uso prático.

On-line ou Móvel:

Uma carteira *on-line*, ou *Web*, mantém as suas moedas armazenadas na Nuvem com um provedor terceirizado. Ela é prática, porque você pode acessá-la a partir de qualquer dispositivo, e menos segura, obviamente, até porque existe um intermediário armazenando essa informação.

Uma carteira móvel é aquela que você mantém em seu *smartphone*, *tablet* ou em outro dispositivo móvel. Elas usam frequentemente códigos QR para fazer transações. Carteiras móveis são práticas, mas não recomendadas para armazenamento de longo prazo. Este é o menor nível de segurança dentre as possibilidades.

Hardware:

Essa é a opção mais segura, na minha visão. Este *hardware* é um *gadget* conectável ao seu equipamento — *desktop* ou *notebook* — que armazena as suas chaves privadas e você pode retirá-lo e guardá-lo depois de usar. Imagine um *pendrive* ou *drive* externo que guarda exclusivamente a sua chave privada. Minha recomendação é Ledger ou Trezor, e você saberá onde comprá-las no "Guia Turístico da Toca do Coelho" — a quarta e última parte deste livro.

7.5 - Resumo

Citei diversos modelos de carteiras que as pessoas normalmente usam, dependendo de suas necessidades. Sua "bagagem" pode conter uma carteira *desktop*, uma carteira quente *on-line* e uma carteira *hardware*, se estiver focado em valores maiores, como conjunto básico de carteiras, que não decepcionarão.

Cada plataforma de carteiras têm um tutorial rápido e simples para instalação e alguns deles começam pela pergunta: "Qual o seu nível de experiência?", o que facilita o processo. Se precisar de ajuda ou tiver dúvidas, eles também oferecem seções de Frequently Asked Questions (FAQ) com vídeos mostrando como instalar ou usar a carteira.

7.6 - Sistema de Segurança

Nunca é demais falar sobre isso. Um dos principais temores de alguns investidores está justamente no fato de descobrirem que, se perderem as suas chaves de acesso, perdem as suas criptomoedas.

A bem da verdade, segundo as informações que circulam no mercado, quase 15% de todos os *bitcoins* minerados já estão perdidos justamente por isso.

Pense no Velho Oeste. O minerador transportava o ouro com sua carroça e era interceptado por um bando que roubava a carga. Ouro perdido.

No caso das criptomoedas, você "transporta" as suas chaves de acesso. Não será surpreendido por nenhum bando, mas é provável que, caso seja displicente com a segurança de suas chaves, não consiga mais acessar os valores. Por isso, recomendo, novamente, que use um *hardware*, e mantenha esse equipamento físico em local seguro.

Tenha as suas senhas, frases secretas, chaves privadas em segredo — não as compartilhe com ninguém. Escolha apenas uma pessoa e confidencie aonde acessar esses dados em caso de sua morte — sim, quem assume a responsabilidade sobre o seu dinheiro precisa necessariamente pensar nas questões referentes à sucessão, em caso de morte. É igualmente importante sempre fazer *backup* de tudo: senhas, carteiras, dispositivos.

Mantenha também os seus dispositivos seguros. Use *firewalls*, antivírus e *anti-malware* sempre que possível.

E coloque os seus dispositivos em *off-line*, ou desligue-os, sempre que não estiverem em uso.

Esse é o básico mais "raso" possível.

Tenha certeza de que as corretoras brasileiras poderão oferecer suporte. Manter um *hardware* em local seguro parece algo complicado, e é apenas inicialmente. Quanto às decisões de compra, basta acompanhar os *sites* de informações. Minha sugestão é que compre gradualmente e continuamente.

Aqui tem uma dica que pode lhe "salvar" ou, quem sabe, definir um excelente plano de ação:

> *Se você tiver uma soma em dinheiro para investir, divida-a de modo a fazer mais compras, em valores menores, em vez de comprar tudo de uma vez.*

Uma das corretoras indicadas — na época em que foi terminado este capítulo — oferecia a opção de começar a investir com R$ 50 reais. Este exemplo mostra que o próprio mercado recomenda que se comece aos poucos e se acostume ao processo. E o que dá a dimensão exata do propósito do *Dinheiro 3.0*: ser acessível a qualquer um, mesmo com baixíssimo investimento inicial.

Com isso, você vai sentir o mercado e não se frustrará na primeira oscilação. Se acostumará ao jogo e aprenderá, com a prática, a movimentar as suas moedas, escolher a corretora da vez, usar a sua carteira e fazer transações cada vez melhores.

CAPÍTULO 8

DE PÉ, TRADERS!

> "But she said: Where'd you wanna go?
> How much you wanna risk?
> I'm not looking for somebody
> With some superhuman gifts".
>
> **The Chainsmokers & Coldplay**.
> *Something Just Like This*

Segredos do negócio? Nenhum! O *trade* de *bitcoin* é o ato de comprar na baixa e vender na alta. Ao contrário do investimento, que significa manter o *bitcoin* no longo prazo, as negociações trabalham com a tentativa de prever movimentos de preços, estudando a indústria como um todo e os gráficos de preços em particular.

Existem dois métodos principais que as pessoas usam para analisar o preço do *bitcoin*: análise fundamental e análise técnica. Portanto, uma negociação bem-sucedida exige tempo, dinheiro e esforço antes que você possa realmente ser bom nisso.

Ao começar, para negociar *bitcoins*, você precisa fazer o seguinte:

1º) Abrir uma conta em uma *exchange* de *bitcoin*, por exemplo, Nox Bitcoin;

2º) Verificar a sua identidade;

3º) Depositar dinheiro na sua conta;

4º) Abrir a sua primeira posição na bolsa, ou seja, *buy/ short sell* — compra, ou venda a descoberto; esta é uma prática que consiste na venda de um ativo que você não possui em carteira. Isso estará indicado claramente na tela de operações.

8.1 - *Trading* x Investimento

A primeira coisa que queremos fazer antes de nos aprofundarmos no assunto é entender o que é a *trading* de *bitcoin* e como é diferente de investir em *bitcoin*.

Quando alguém investe em *bitcoin*, geralmente significa que está comprando *bitcoin* no longo prazo. Essa é a pessoa que eu quero que você seja!

Em outras palavras, a pessoa que espera que o preço suba, independentemente dos altos e baixos que ocorrem ao longo do caminho. Geralmente, as pessoas investem em *bitcoin* porque acreditam na tecnologia, ideologia ou equipe por trás da moeda.

Os investidores em *bitcoin* tendem a *hodl* (Hold On for your Dear Life) a moeda no longo prazo — *hodl* é um termo popular na comunidade Bitcoin, que nasceu de um erro de digitação da palavra inglesa "*hold*", em uma antiga publicação de 2013, no fórum Bitcoin Talk.

Os *traders* de *bitcoin*, por outro lado, compram e vendem *bitcoin* no curto prazo sempre que acham que um lucro pode ser obtido. Ao contrário dos investidores, os *traders* veem o *bitcoin* como um instrumento para obter lucro. Às vezes, eles nem se preocupam em estudar a tecnologia ou a ideologia por trás do produto que estão comercializando. O que espero que não seja o seu caso.

Dito isto, as pessoas podem investir em *bitcoin* e outras "cripto", e negociar ao mesmo tempo. Quanto ao súbito aumento da popularidade do comércio de Bitcoin, e várias *alt-*

coins (as moedas alternativas), existem algumas razões para isso. Primeiro, o *bitcoin* é muito volátil — e vamos aprofundar o assunto no capítulo "Volatilidade" —; melhor dizendo, você pode obter um bom lucro se conseguir antecipar corretamente o mercado. Segundo, ao contrário dos mercados tradicionais, o comércio de *bitcoin* é aberto as vinte quatro horas durante os sete dias da semana. Quando me perguntam que dia, ou horário, são mais adequados para falar comigo, respondo sempre do mesmo jeito: "Todos os meus dias são úteis e divertidos; para o Bitcoin não há descanso".

Posso operar quando e onde quiser, sem esperar que as bolsas abram. Melhor ainda, também posso não operar, ou seja, não ter posição em Bitcoin. Nos ciclos de baixa essa é a melhor posição.

Finalmente, o cenário relativamente não regulamentado do Bitcoin facilita começar a negociar, sem a necessidade de longos processos de verificação de identidade.

8.2 - Métodos de Negociação

Enquanto todos os *traders* querem a mesma coisa, eles praticam métodos diferentes para conseguir rentabilidade. Vamos revisar alguns exemplos de tipos de negociação populares.

Day Trading:

> Esse método envolve a realização de várias operações ao longo do dia e a tentativa de lucrar com os movimentos de preços de curto prazo. Esses *trader*s passam muito tempo olhando para as telas dos computadores e geralmente fecham todos os seus negócios no final de cada dia.
>
> Aqui preciso fazer um alerta pessoal. A maioria das pessoas que fazem isso perdem muito dinheiro. Se eu puder dar um conselho, é: não faça isso! Se quiser fazer, você estará ajudando o mercado ao prover liquidez momentânea.

Scalping:

Essa estratégia está se tornando popular, ultimamente. O *scalping* tenta obter lucros substanciais com pequenas mudanças de preço, e é frequentemente apelidado de "pegar moedas de um centavo na frente de um rolo compressor" — a imagem mental fala por si.

O *scalping* concentra-se na negociação de curto prazo e baseia-se na ideia de que pequenos lucros limitam repetidamente os riscos e criam vantagens para os *traders*. Dessa forma, pode-se fazer dezenas — ou mesmo centenas — de negociações em um dia.

Essa é a estratégia dos grandes bancos. Eles fazem isso usando algoritmos poderosos e um farto acesso à liquidez nas duas pontas. É jogo de profissionais.

Swing trading:

Esse tipo de negociação tenta tirar proveito do "balanço" natural dos ciclos de preços. Os *swing traders* tentam identificar o início de um movimento de preço específico e, então, entram e negociam. Eles aguentam até que o movimento desapareça e ganham o lucro.

Esses *traders* tentam ver o quadro geral, sem monitorar constantemente a tela do computador. Por exemplo, podem abrir uma posição de negociação e mantê-la aberta por semanas, ou até meses, até atingir o resultado desejado.

Esse é o meu tipo de *trade*. Entre 2018 e 2019, em nove meses, ganhei 120% no Bitcoin em uma só posição de *swing trade*. Isso significou quase setecentos mil reais!

8.3 - Métodos de Análise: Fundamental x Técnica

É possível prever o movimento de preços do *bitcoin*? A resposta curta é que ninguém pode realmente prever o que acontecerá com o preço do *bitcoin*. No entanto, alguns *traders* identificam certos padrões, métodos e regras que lhes permitem obter lucro no longo prazo.

Ninguém faz negócios da mesma maneira, mas eis a ideia: no final do dia, você deverá ver um saldo positivo, mesmo tendo sofrido algumas perdas ao longo do caminho. Contudo, é possível que, em outros dias, perca muito; o que já aconteceu comigo, não uma, mas várias vezes. Faz parte do jogo; ou melhor dizendo, esse é o jogo!

As pessoas seguem duas metodologias principais quando analisam *bitcoins* — ou qualquer outra coisa que você queira negociar: análise fundamental e análise técnica.

Análise fundamental:

> Tenta prever o preço olhando para o quadro geral. No *bitcoin*, por exemplo, a análise fundamental avalia a indústria do *bitcoin*, notícias sobre a moeda, desenvolvimentos técnicos do *bitcoin*, regulamentações em todo o mundo e quaisquer outras informações ou questões que possam afetar o sucesso do *bitcoin*.
>
> Essa metodologia analisa o valor do *bitcoin* como uma tecnologia, independentemente do preço atual, e as forças externas relevantes, a fim de determinar o que acontecerá com o preço. Por exemplo, quando a China decidiu proibir o *bitcoin*, essa análise previu uma queda de preço. Esse é o jogo do *swing trader*.

Análise técnica:

Tenta prever o preço estudando as estatísticas do mercado, como movimentos passados de preços e volumes de negociação. Busca-se identificar padrões e tendências no preço e, com base nisso, deduz-se o que acontecerá com o preço no Futuro.

A principal premissa por trás da análise técnica é a seguinte: independentemente do que está acontecendo atualmente no mundo, os movimentos de preços falam por si e contam algum tipo de história que ajuda a prever o que acontecerá a seguir.

Alguém falou em padrões? Não.

É isso que "ler padrões" quer dizer? Sim.

Então, qual metodologia é melhor? Bem, como eu já disse antes, ninguém pode prever o Futuro com precisão. Da perspectiva fundamental, uma conquista tecnológica promissora pode acabar como um fracasso e, da perspectiva técnica, o gráfico simplesmente não se comportar como no Passado.

A verdade simples é que não há garantias para qualquer tipo de negociação. No entanto, uma combinação saudável de ambas as metodologias, provavelmente, trará os melhores resultados. É o que eu faço e é, o que para mim, funciona. Mas lembrem-se, 99% dos *day traders* que fracassam, acreditam em análise técnica pura.

8.4 - Compreendendo os Termos de Negociação Bitcoin

Vamos continuar detalhando alguns dos termos e estatísticas confusos que você encontrará na maioria das *exchanges* de Bitcoin e criptomoedas.

Plataformas de negociação x Brokers OTC x Marketplaces:

As plataformas de negociação de *bitcoin* são *sites on-line* onde compradores e vendedores são correspondidos automaticamente. Os mais conhecidos no Brasil, atualmente, são: Mercado Bitcoin, Foxbit, Bitcambio e Bitcoin Trade.

Observe que uma plataforma de negociação é diferente de *broker* de Bitcoin OTC, como a NOX Bitcoin. Ao contrário das plataformas de negociação, os *brokers* OTC vendem *bitcoin* diretamente e, em geral, por uma taxa menor e em volumes maiores para clientes de Perfil *Private/Premium*. No caso específico da Nox Bitcoin, além de OTC, a mesma funciona também para investidores menores, mas, via de regra, um OTC só negocia valores grandes.

Uma plataforma de negociação também é diferente de um *marketplace,* como a finlandesa Local Bitcoin, onde compradores e vendedores se comunicam entre si, a fim de concluir uma negociação. É o famoso mercado Peer to Peer (P2P), e a Local Bitcoin provê um mero serviço de arbitragem e custódia momentânea entre as partes.

Ordens:

A lista completa de pedidos de compra e venda está registrada na carteira de pedidos do mercado, que pode ser visualizada no livro de negociações da plataforma escolhida.

Os pedidos de compra são chamados de lances (*bids*), já que as pessoas estão fazendo lances nos preços para comprar *bitcoin*. As ordens de venda são chamadas de solicitações (*asks*), pois mostram o preço solicitado que os vendedores pedem.

Preço de bitcoin:

Sempre que as pessoas se referem ao "preço" do *bitcoin*, na verdade, estão se referindo ao preço da última negociação realizada em alguma plataforma de *trading* específica. Essa distinção importante ocorre porque, ao contrário do dólar americano, por exemplo, não existe um preço global e único de *bitcoin* que todos sigam. Por exemplo, o preço do *bitcoin* em alguns países pode ser diferente do preço nos Estados Unidos, já que as principais bolsas nesses países incluem negociações diferentes. Caso uma pessoa tenha um "dedo gordo" e tente vender mil *bitcoins* de uma vez só, numa corretora, o preço, por uns minutos, ficará defasado e diferente das outras corretoras.

Ao lado do preço, você também verá os termos alto e baixo. Esses termos se referem aos preços mais altos e mais baixos do *bitcoin* nas últimas vinte e quatro horas. Um *site* interessante que mostra os preços mundiais do *bitcoin* é o Bitcoin Price Map[32].

Volume:

Volume significa o número total de *bitcoins* que foram negociados em um determinado período de tempo. O volume é usado pelos *trader*s para identificar a importância de uma tendência. Tendências significativas são, normalmente, acompanhadas por grandes volumes de negociação, enquanto tendências fracas são acompanhadas por volumes baixos. Uma tendência ascendente saudável, por exemplo, será acompanhada por volumes altos quando o preço subir e volumes baixos quando o preço cair.

Se você está testemunhando uma mudança repentina de direção no preço, os especialistas recomendam verificar o quão significativo é o volume de negociação para determinar se é apenas uma variação menor, ou o início de uma tendência oposta.

---

[32] BITCOINPRICEMAP.COM. Disponível em: http://bitcoinpricemap.com. Acesso em 17/nov/2020.

Ordem de Mercado (ou Instantânea) — Market Order:

Esse tipo de pedido pode ser definido em uma plataforma de *trading* e será atendido instantaneamente a qualquer preço possível. Você só define a quantidade de *bitcoins* que deseja comprar ou vender e ordena a troca para executá-lo imediatamente. A plataforma de *trading* corresponde aos vendedores ou compradores para atender ao seu pedido, exatamente como feito.

Depois que o pedido é feito, há uma boa chance de que o seu pedido não seja aceito por um único comprador ou vendedor, mas por várias pessoas, a preços diferentes. Digamos que você faça um pedido de mercado para comprar cinco *bitcoins*. A plataforma de negociação está agora procurando os vendedores mais baratos disponíveis. O pedido será concluído assim que acumular vendedores suficientes para entregar cinco *bitcoins*. Dependendo da disponibilidade dos vendedores, você pode acabar comprando três *bitcoins* por um preço e os outros dois por um preço mais alto.

Em outras palavras, em uma ordem de mercado, você não para de comprar ou vender *bitcoins* até que a quantidade solicitada seja atingida. Com as ordens de mercado, você pode acabar pagando mais, ou vendendo por menos do que pretendia, portanto, tenha cuidado com valores maiores: dependendo da liquidez da corretora, uma ordem grande tem poder de mexer muito com o preço.

Ordem limite — Limit Order:

Permite comprar ou vender *bitcoin* a um preço específico que você decidir.

No entanto, o pedido pode não ser totalmente atendido, caso não haja compradores ou vendedores suficientes para atender às suas necessidades.

Digamos que você faça um pedido limite para comprar cinco *bitcoins* a US$ 10 mil dólares por moeda. Então, você pode acabar possuindo apenas quatro *bitcoins*, porque não havia outros vendedores dispostos a vender o Bitcoin final a US$ 10 mil dólares. O pedido restante de um *bitcoin* permanecerá lá até que o preço atinja US$ 10 mil dólares novamente, e o pedido seja cumprido.

Ordem Stop Loss:

Permite definir um preço específico no qual você deseja vender no Futuro, caso o preço caia drasticamente. Esse tipo de pedido é útil para minimizar perdas.

É basicamente um pedido que informa à plataforma de negociação o seguinte: "Se o preço cair em uma determinada porcentagem, ou até um certo ponto, eu venderei meus *bitcoins* pelo preço predefinido para perder o mínimo de dinheiro possível".

Uma ordem de *stop loss* atua como uma ordem de mercado. Uma vez atingido o preço de parada, o mercado começará a vender as suas moedas a qualquer preço até que o pedido seja cumprido.

Taxas — Maker e Taker Fees:

Outros termos que você pode encontrar ao negociar são taxas do formador (*maker*) e do tomador (*taker*). Pessoalmente, ainda acho esse modelo um dos mais confusos, mas vamos tentar decompô-lo.

As *exchanges* querem incentivar as pessoas a negociar. Eles querem "fazer mercado" e ter o maior número possível de ordens em seu livro de ofertas. As corretoras precisam de "profundidade" no livro, querem um livro "gordo".

Portanto, sempre que você cria um novo pedido que não pode ser correspondido por nenhum comprador ou vendedor existente, isto é, um pedido limitado, você é basicamente um "formador de mercado" (*maker*) e, possivelmente, terá taxas mais baixas.

Enquanto isso, um "tomador de mercado" (*taker*) faz pedidos que são atendidos instantaneamente, ou seja, pedidos de mercado, porque já havia um "formador de mercado" (*maker*) para atender às suas solicitações. Os compradores removem os negócios da bolsa, de modo que, normalmente, têm taxas mais altas do que os "fabricantes", os *makers*, que adicionam pedidos à carteira de pedidos da bolsa.

Um exemplo: talvez você faça um pedido limite para comprar um *bitcoin* por US$ 10 mil dólares, no máximo, mas o vendedor mais baixo está disposto a vender apenas por US$ 11 mil dólares. Então, você acabou de criar um novo pedido no livro para vendedores que desejam vender por US$ 10 mil dólares. Você se tornou um *maker*.

Sempre que você coloca uma ordem de compra abaixo do preço de mercado, ou uma ordem de venda acima do preço de mercado, você se torna um "formador de mercado". Usando o mesmo exemplo, talvez você faça um pedido limite para comprar um *bitcoin* por US$ 12 mil dólares, no máximo, e o vendedor mais baixo esteja vendendo um *bitcoin* por US$ 11 mil dólares. O seu pedido será instantaneamente cumprido. Você removerá os pedidos da carteira de pedidos da bolsa, sendo considerado um "tomador do mercado" e assim, um *taker*.

8.5 - Erros comuns de negociação

Você chegou até aqui e agora deve ter conhecimento suficiente para obter alguma experiência de campo. Contudo, é importante lembrar que negociar é arriscado e que erros custam dinheiro.

Vamos analisar os erros mais comuns que as pessoas cometem quando começam a negociar, na esperança de que você possa evitá-los. E ver como eu errei — sim, vou contar.

Erro # 1 — Arriscar mais do que você pode perder:

O maior erro que você pode cometer é arriscar mais dinheiro do que pode perder. Dê uma olhada na quantidade com a qual você se sente confortável. Aqui está o pior cenário: você vai acabar perdendo tudo se brincar de usar alavancagem. Se você estiver negociando acima de um valor adequado ao seu patrimônio, pare! Você está fazendo isso errado.

Negociar traz risco implícito. Se você investir mais dinheiro do que é confortável, isso afetará a forma como você negocia e fará com que você tome más decisões.

Durante uma época, eu tive posições muito grandes de *bitcoin* alavancado, que é quando você faz um tipo de "aposta". Se o *bitcoin* subisse, teria algumas vezes esse ganho. Se o *bitcoin* caísse, teria algumas vezes esse prejuízo. É algo tão arriscado que eu não conseguia dormir direito. Não aconselho a ninguém! E digo mais, mesmo sendo considerado um excelente *trader*, perdi muitos Bitcoins no momento do Crash de Março de 2020. Se não tivesse alavancado, nada disso teria acontecido, ou seja, não recomendo alavancagem para ninguém.

Erro # 2 — Não ter um plano:

Outro erro que as pessoas cometem ao começar a negociar é não ter um plano de ação suficientemente claro. Em outras palavras, eles não sabem por que estão entrando em um comércio específico e, mais importante, quando devem sair desse comércio.

Objetivos de lucro claros e *stop loss* devem ser decididos antes de iniciar o *trading*. Eu, particularmente, nunca usei *stop loss* para Bitcoin dado a sua alta volatilidade, mas isso estava definido no meu plano desde o início.

Quem estava no mercado de *bitcoins* no início de 2017 e não vendeu entre novembro e dezembro daquele ano, deixou de aproveitar anos de lucro, pois não tinha um plano caso as coisas dessem certo demais. Depois disso, o valor do Bitcoin caiu bastante, saindo de US$ 20 mil dólares para US$ 3,2 mil dólares, em seguida, voltou para US$ 14 mil dólares — haja volatilidade!

Erro # 3 — Deixar dinheiro em uma corretora:

Esta é a regra básica para qualquer *trader* de criptomoedas: nunca deixe seu dinheiro em uma bolsa com a qual você não está negociando atualmente.

Se o seu dinheiro estiver na bolsa, isso significa que você não tem controle sobre ele. Se a *exchange* for *hackeada*, ficar *off-line* ou falir, você irá perder esse dinheiro. Sempre que você tiver dinheiro que não é necessário em curto prazo para negociar em uma bolsa, mova-o para sua própria carteira Bitcoin, ou conta bancária para fins de custódia.

Entenda as corretoras como hospitais; só as visite em caso de necessidade.

Erro # 4 — Medo e Ganância Mode ON:

Duas emoções básicas tendem a controlar as ações de 99% dos *traders*: medo e ganância.

O medo aparece quando ocorrem quedas bruscas no preço do Bitcoin. Esse medo pode fazer você fechar prematuramente as suas negociações, seja porque você lê uma notícia perturbadora, ouve um boato de um amigo, ou fica assustado com a queda repentina no preço — o que, no Bitcoin, sempre foi corrigido em breve período.

A outra grande emoção, a ganância, também é baseada no medo: o medo de perder o lucro. Existe até uma expressão em inglês para isso, *"fomo"*, *Fear Of Missing Out* — na minha tradução livre, "Medo de Estar Fora do Jogo".

Quando você ouve pessoas falando sobre a próxima grande novidade, ou quando os preços do mercado sobem acentuadamente, você não quer perder toda a ação. Assim sendo, você pode entrar em uma negociação muito tarde, inclusive atrasar o fechamento de uma negociação em aberto.

Lembre-se que, geralmente, nossas emoções nos dominam. Portanto, nunca diga: "Isso não vai acontecer comigo". Esteja ciente de sua tendência natural ao medo e à ganância, e certifique-se de seguir o plano que foi estabelecido antes de iniciar o jogo.

Erro # 5 — Não aprender as lições:

Independentemente de você ter ou não negociado com sucesso, sempre há uma lição a ser aprendida: Ninguém consegue fazer negócios apenas lucrativos, e ninguém chega ao ponto de ganhar dinheiro sem perder dinheiro no caminho.

O importante não é necessariamente se você ganhou ou não dinheiro. Pelo contrário, é se você conseguiu obter uma nova visão sobre como negociar melhor na próxima vez.

Lembre-se de como eu chamo tudo isso: jogo. Aprendendo com cada rodada, temos mais chances de, quem sabe, vencer uma longa partida. Nunca sem riscos, saiba disso.

A parte chata é que, mesmo lendo e entendendo tudo isso, enquanto o mercado não der um tapa na sua cara, você não vai aprender. É assim que funciona, sinto lhe informar.

O que posso lhe sugerir é que faça um estudo de gerenciamento de riscos para o dia em que tomar uma porrada do mercado. Aconselho ainda, mais fortemente, que você se torne um *hodler*, preocupado em acumular o máximo possível de *satoshis*.

E, se um dia, você decidir ser *trader*, cuidado para que essa porrada não lhe mate em termos financeiros. Aí será *game over*.

Como eu sempre brinco, seja como eu, louco, mas seja não burro.

PARTE III
VIDA DE MÁGICO

CAPÍTULO 9

LEI E ORDEM

> "Welcome to your life
> There's no turning back
> Even while we sleep
> We will find You acting on your best behavior
> Turn your back on mother nature
> Everybody wants to rule the world".
>
> **Tears for Fears.** *Everybody wants to rule the world*

Uma trilha sonora tocava na cabeça de Satoshi Nakamoto enquanto ele escrevia o *White Paper* que deu origem ao Bitcoin. Gosto de imaginar que as palavras poderiam ser cantadas a partir de uma melodia de *rock and roll*, com apelo suficiente para uma multidão balançar as mãos e empunhar isqueiros num grande estádio.

Não muitos anos antes da publicação do que veio a ser o formador de um novo modelo de sistema financeiro, outro manifesto circulava pela *Internet*, com igual força e penetração na camada pensante da rede: o Manifesto *Cypherpunk*.

Os *Cypherpunks* eram os *nerds* da era Cenozoica da *Internet*. *Chyper* vem de criptografia, *punks* do movimento *Punk* que existiu. O grupo era formado por matemáticos, programadores, cripto-anarquistas e *hackers* que defendiam uma pauta única, sem ideologia social ou política: a privacidade. Um dos fundadores do movimento, Eric

Hughes, publicou um manifesto em 1993, que definia parâmetros que são importantes até hoje. É preciso lembrar que o DNA da *Internet* é formado pelo Departamento de Defesa norte-americano, e o seu ancestral mais distante é a Arpanet, um meio de comunicação a serviço da guerra, que possibilitava a troca de informações entre militares e cientistas.

Não é difícil entender, portanto, que uma *Internet* sem influência governamental é parte da agenda dos libertários. Hughes conclamava os grupos de trabalho envolvidos no código e na linguagem de informática a não perder isso de vista:

> Nós, os *Cypherpunks*, estamos dedicados a construir sistemas anônimos. Estamos defendendo nossa privacidade com criptografia, com sistemas anônimos de encaminhamento de correio, assinaturas digitais e dinheiro eletrônico.

Como era de se esperar, a conquista de parte desses direitos só ocorreu vinte e cinco anos depois. A General Data Protection Regulation (GDPR) — em português, Regulamento Geral de Proteção de Dados — entrou em vigor na União Europeia em maio de 2018 e serviu de base para a elaboração da lei brasileira, o Marco Civil da Internet, aprovado no mesmo ano. Apesar de a lei estar prevista apenas para a União Europeia, muitas empresas que oferecem serviços *on-line*, como Spotify, Microsoft e *Google*, se dispuseram a estender os direitos de transparência da lei a todos os seus clientes. Assim, mesmo antes da aprovação da lei brasileira de proteção de dados, os usuários brasileiros já tinham poder para requisitar informações quanto ao tratamento de seus dados. O que quer dizer, explicitamente, que os dados eram manipuláveis.

Privacidade, anonimato e liberdade de expressão, o tripé do Manifesto Cypherpunk, são ideais a serem conquistados.

Excetuando-se governos ditatoriais, as democracias que parecem seguir esses princípios não regem todos os seus mecanismos por essa ótica. Conforme definido no Manifesto, privacidade não é segredo:

> Um assunto privado é algo que não desejamos que o mundo inteiro saiba, mas um assunto secreto é algo que ninguém quer que ninguém saiba. Privacidade é o poder de se revelar seletivamente ao mundo[33].

Tenha em mente que aquilo que nos dá certa privacidade financeira hoje é a utilização de papel-moeda, método que está em extinção. Países como a Suécia praticamente aboliram o dinheiro em sua forma física e o *e-krona* está cada vez mais próximo de aparecer. O mesmo acontece na China.

Pense comigo: existem comportamentos que talvez você preferisse que não pudessem ser rastreados, certo? O encontro com um amante? O uso de drogas? A compra de remédios controlados? Doação para uma causa controversa? A visita a algum estabelecimento de reputação, em determinados círculos, mais duvidosa?

Sem papel-moeda será bem difícil ocultar qualquer uma dessas coisas.

E como funciona nossa privacidade no sistema financeiro? Suas informações de transações bancárias trafegam do seu computador — ou celular — para o banco, passando por centenas de subcaminhos até que cheguem à central de dados. O cadeado ao lado do endereço eletrônico no *browser* não significa que só eles estão vendo, quer dizer que eles asseguram que eles são eles — "centenas de eles". E essa é a primeira parte.

A segunda, e mais ostensiva, é que todas as transações acontecem sob o guarda-chuva do sistema financeiro nacional, dos órgãos reguladores do governo, do Banco Central

---

[33] HUGHES, Eric. "A Cypherpunk's Manifesto". Disponível em: https://www.activism.net/cypherpunk/manifesto.html. Acesso em 17/nov/2020.

local, das Comissões de Valores e de quantas outras esferas forem necessárias para regular a visibilidade e não a privacidade; a autenticidade e não o anonimato; o regramento e não a liberdade.

Ponto a ponto, o princípio de transação do Bitcoin sai completamente do esquema. Não é difícil imaginar o motivo de tanto desprezo jurídico por um mecanismo que independe do grande sistema, ignorando completamente que as transações não são secretas, são apenas pseudoanônimas. Não são secretas até porque são registradas e é disso que se trata o próprio Blockchain do registro.

A regulamentação para o uso das criptomoedas, de forma mais abrangente, está emperrada nas Assembleias Legislativas e Senados do mundo, por ignorância do propósito — entenda aqui ignorância como desconhecimento.

É muito estranho entrar nesse assunto, particularmente, porque dá a impressão de que tenho problemas com regras e leis. Ao contrário disso, fui forjado a partir delas. Minha família é composta por pessoas voltadas para a Lei: avô, mãe, pai, irmão. Eu, que por um momento pensei que escaparia à vocação familiar, terminei o meu curso de Administração na Fundação Getúlio Vargas e fui para o Largo de São Francisco, a Faculdade de Direito da USP — não era para ser um advogado, e sim para entender os algoritmos jurídicos que modelavam as instituições brasileiras. Como já mencionei antes, disponibilizei o meu TCC no final da versão digital do livro para que entenda melhor minha forma de construir raciocínios mais complexos e preditivos.

Dessa maneira, a Faculdade de Direito apenas consolidou e ampliou o que eu já vivenciara em casa. Então, não sou absolutamente contra as leis e defendo a privacidade, o anonimato e a liberdade de expressão, justamente por causa delas.

Cada vez mais surge a pergunta: por quê precisamos garantir alguma forma de anonimato através das criptomoedas? A discussão gira em torno da questão do porquê de nós, como indivíduos, nos esforçamos para proteger dados pessoais e precisarmos de privacidade, embora muitos de nós não tenhamos nada a esconder.

A confidencialidade é uma coisa engraçada, pois nem sempre é claro porque uma pessoa precisa dela, se não faz nada errado e não infringe a Lei. Mas para a sociedade como um todo, a confidencialidade é um recurso muito valioso, e é por isso que as suas vantagens, para uma pessoa em particular, podem ser difíceis de perceber. Você pode fazer uma analogia com as estradas: um cidadão individual pode não precisar de uma estrada por mil quilômetros, porém a sociedade inteira se beneficia de uma infraestrutura de transporte desenvolvida.

Tal comportamento, quando alguns membros do grupo agem em seus próprios interesses, mesmo que contradigam o bem comum, é chamado de "tragédia dos bens comuns". Esse fenômeno foi primeiramente estudado pelo biólogo Garrett Hardin (1915-2003), em 1968, a partir de um ensaio do economista britânico William Forster Lloyd (1794-1852), de 1833, em que discorre sobre o preço do narcisismo em detrimento dos valores coletivos[34]. Hardin referia-se à necessidade de refletirmos sobre as grandes áreas florestais, a atmosfera, e determinados biomas precisam ser compreendidos coletivamente como recursos comuns.

A confidencialidade é um recurso comum que beneficia a todos quando cada indivíduo contribui para o seu apoio. Por que precisamos do anonimato? Se você não pode responder a essa pergunta — portanto, não mantém a devida confidencialidade —, você mesmo faz parte do problema, parte da tragédia dos bens comuns.

---

[34] HARDIN, Garrett. "The Tragedy of the Commons". *Science Mag*. Disponível em: https://science.sciencemag.org/content/162/3859/1243. Acesso em 17/nov/2020.

No limite, acredito que certo grau de privacidade é condição *sine qua non* de liberdade, pois nem todo comportamento lícito é aceito socialmente. Alan Turing (1912-1954), o pai da computação, que teve um papel importantíssimo na Segunda Guerra Mundial ao ajudar os aliados a vencerem Adolf Hitler (1889-1945), foi praticamente assassinado pelo governo britânico justamente porque tinha um comportamento inaceitável para a época: ser homossexual.

E, estando esses pilares na base da discussão, por que não regulamentam as criptomoedas?

Para começar, preciso dizer que elas não são ilegais. Exceto em meia dúzia de países — como o Quirguistão ou a Bolívia — as criptomoedas, principalmente o *bitcoin*, estão num limbo regulatório onde são classificadas como ativos, *commodities* ou propriedade. No restante do mundo, é possível negociá-las, possuí-las ou utilizá-las, mas de maneira diferente de uma moeda fiduciária.

Note que o objetivo dos países não é extingui-las, mas controlá-las, principalmente, para que não entrem em competição com as suas próprias moedas fiduciárias. Como o coração do sistema de criptomoedas não permite isso, eles basicamente "enrolam" para definir as regras, o que não quer dizer que não cobrem pelas operações.

Na prática, a falta de regulamentação não atrapalha a quem usa as criptomoedas. Impede, porém, um crescimento maior de serviços e produtos que aceitem pagamento em "criptos". Geram assim menos empregos e diminuem as possibilidades de mais riquezas circulando, o que é bom para ninguém — por isso, usei o termo "emperrar", porque proibir, não proibiram.

Um governo cobraria impostos sobre transações de algo ilegal? Ou, como os Estados Unidos, poderia leiloar *bitcoins* apreendidos através de uma operação do FBI? Porque ninguém leiloa cocaína apreendida, e *bitcoins*, sim. Já em 2015, o FBI leiloava *bitcoins* e a cocaína apreendida eles queimavam — e continuam queimando.

O Japão inaugurou as bolsas de câmbio de criptomoedas e quase todos os países foram pelo mesmo caminho, o que é um grande indício de que — mesmo que demore vinte e cinco anos, como o Marco Civil da Internet — o tempo chegará para a regulamentação das criptomoedas.

Aliás, olhando sobre a perspectiva da Teoria dos Jogos de John Nash (1928-2015) — um ramo da Matemática Aplicada que estuda situações estratégicas onde jogadores escolhem diferentes ações na tentativa de melhorar seu retorno —, os primeiros países que adotarem *bitcoin* como Reserva Internacional de Liquidez, tendem a ficar muito ricos. O Irã, país berço da civilização que criou os primeiros bancos há três mil anos, até pouco tempo atrás proibia *bitcoin* e agora o utiliza para fugir das sanções econômicas e financeiras do governo americano. Governo este que controla 95% do Sistema Bancário Internacional. O mesmo aconteceu com a Índia, que primeiro proibiu e depois voltou atrás.

O que isso tem a ver com você? As operações com criptomoedas, seja em termos de investimento, ou de *trading*, não são ilegais e são tributáveis. Devem ser declaradas no seu Imposto de Renda e você não será considerado um fora da lei. Para isso, guarde por agora uma regra simples: até R$ 35 mil reais vendidos num mês, há isenção; para vendas acima disso, calcule 15 % sobre o ganho de capital da venda como um todo. No "Guia Turístico da Toca do Coelho" há uma matéria interessante sobre a legislação vigente.

Para ficar sossegado, faça a coisa da maneira correta. Paguei muito imposto nesses quatro anos e, graças a isso, tenho a liberdade e a tranquilidade de poder contar a minha história para vocês. Como diz um amigo meu, "a primeira coisa que se deve fazer ao ganhar dinheiro é comprar tranquilidade". Não pagar imposto não deixará a sua vida mais serena.

CAPÍTULO 10

DERRUBANDO MITOS

> Wall Street adora utilizar termos confusos para você pensar que só eles podem fazer o que fazem. Ou melhor ainda, para os deixar em paz.
>
> *A Grande Aposta.* **Direção Adam McKay**

Mantenho uma canal de educação sobre *bitcoins* no *YouTube* e, por mais que eu fale sobre a minha experiência, conte no que eu mesmo estou investindo, indique as minhas estratégias cotidianas e, em casos extremos, abra o meu Imposto de Renda para provar o que estou fazendo, não é difícil receber perguntas que já foram respondidas por qualquer estudioso do tema. A preguiça faz parte da natureza humana, por isso, não seja assim.

Existe um ar desdenhoso e desconfiado quando o assunto são criptomoedas e não há como negar que grandes escândalos aconteceram. Por certo que há pessoas desonestas, que poderiam atuar em qualquer setor financeiro, mas que apenas migraram para a área de tecnologia. Esses indivíduos se aproveitaram de ondas como a do "boi gordo", "carne de avestruz" e, a partir de 2017, a do tal do *bitcoin*. Infelizmente, muitos iludidos perdem dinheiro nesses esquemas — aliás, lembram do Banco Santos? Do Esquema Madoff? Se você for muito jovem, pesquise no *Google*. Enfim, o mercado financeiro tradicional também está cheio de gente desonesta e picareta.

Não tenho a pretensão de ser um *"mithbuster"*, mas desdobrei os dez piores preconceitos quanto ao *bitcoin* e espero, sinceramente que, pelo menos, esse esclarecimento saia da lista das *top ten* do meu canal.

10.1 - *Bitcoin* é muito caro

Muitas pessoas hesitam em comprar *bitcoins*, porque o consideram caro. Eles olham para o preço e pensam que já "perderam o trem" com lucro potencial. Vamos imaginar que hoje a taxa de câmbio do *bitcoin* esteja em US$ 10 mil dólares. Naturalmente, a maioria não tem esse tanto de dinheiro para um investimento único; especialmente, em uma ferramenta não totalmente compreensível.

Não se preocupe, você sempre poderá comprar parte de uma moeda *bitcoin,* ou um *satoshi*. Lembre-se que um único *bitcoin* tem cem milhões de *satoshis*. Você pode comprar um *satoshi*, por exemplo — ou seja, 0,00000001 *bitcoin*. Por cerca de US$ 50 dólares é possível comprar mais de quinhentos mil *satoshis*, ou 0,005 *bitcoins*. Este valor é muito mais real — e você pode até perdê-lo!

Há muito espaço no mercado. Não pense que você perdeu absolutamente todas as oportunidades do setor. Menos de 5% dos americanos e de 1% de todas as pessoas no mundo possuem a principal criptomoeda.

Se a sua capitalização continuar aumentando e atingir o nível de capitalização em ouro, o valor do *bitcoin* poderá crescer, pelo menos, vinte e cinco vezes. Caso você esteja investindo US$ 100 dólares em *bitcoin*, nesse cenário, após alguns anos, esse investimento poderá aumentar para US$ 2500 dólares. Portanto, não é tarde demais para pensar em comprar.

Por outro lado, isso são projeções. Já avisei, várias vezes, neste livro, inclusive, que não estou fazendo indicações do que você deve fazer com o seu dinheiro. No entanto, as possibilidades existem e jogam ao nosso favor. *Tudo depende do tempo de exposição ao ativo.*

Outro fator interessante: se você dividir o número máximo de *bitcoins* por toda a população da Terra, cada pessoa receberá apenas duzentos e sessenta e nove mil *satoshi*. Na realidade, esse número será muito menor, porque cerca de um quinto de todos os *bitcoins* minerados até o momento já foram perdidos para sempre.

10.2 - *Bitcoin* nunca será dinheiro

"O *bitcoin* é muito lento, a confirmação da transação pode levar várias horas, a criptomoeda é muito inconveniente para pagar produtos" — você provavelmente já ouviu falar sobre isso, mais de uma vez.

A maioria das pessoas não percebe que, quando paga uma xícara de café com cartão de crédito, o dinheiro não vai imediatamente para a conta do vendedor. Primeiro, o sistema de pagamento computa a obrigação de dívida digital, que pode permanecer aberta por meses após a transação.

O dinheiro é um pouco pior que o *bitcoin*. O conceito de dinheiro na sua conta é completamente virtual.

Com o desenvolvimento de tecnologias como a Lightning Network[35], o *bitcoin* também poderá processar fluxos de transações relativamente grandes em segundos. Além disso, com o tempo, o maior uso levará às novas tecnologias que garantirão uma experiência adequada ao usuário final.

---

[35] Para maiores informações, ver o Capítulo *"Backstage"*.

10.3 - *Bitcoin* não é seguro, *exchanges* são constantemente *hackeadas*

As manchetes das notícias sobre *hackers* em bolsas de criptomoedas assustam qualquer pessoa do setor. No entanto, o próprio *bitcoin* nunca foi *hackeado*.

O sistema criado por Satoshi Nakamoto é mais seguro do que qualquer banco do mundo. Se o *bitcoin* for armazenado em sua carteira de *hardware*, mesmo com acesso físico ao dispositivo, é improvável que os invasores possam retirar os *bitcoins*.

O *bitcoin* não pode ser falsificado. O lançamento de novas moedas ocorre de acordo com um cronograma de protocolo estritamente predefinido, o que absolutamente ninguém pode quebrar. *Bitcoin* é quase impossível de "fechar", "sumir", "desaparecer", como esquemas ilícitos. Enquanto, pelo menos, um "minerador" estiver vivo na rede, o sistema continuará ativo.

Infelizmente, os *hackers* continuam sendo um dos principais problemas da indústria, porque com *exchanges* realmente há um impasse. Se você armazenar as suas criptomoedas nelas, poderá perdê-las. As *exchanges* que dominam o setor têm boas alternativas de segurança, mas a criatividade dos *hackers* é quase infinita, afinal, é ali que dorme o pote de ouro.

10.4 - *Bitcoin* será superado por outra criptomoeda

Acredita-se que o *bitcoin* tenha sido o primeiro de seu tipo. Alegadamente, ele é apenas um pioneiro, e alguma outra criptomoeda ganhará popularidade no Futuro.

Porém, o *bitcoin* não é exatamente o primeiro. Antes de sua aparição, houve tentativas de criar algo semelhante — inclusive, a primeira moeda mais parecida com uma criptomoeda poderia ter aparecido nos anos 1990. No entanto, todos esses projetos falharam devido a problemas com centralização e segurança.

Bitcoin tem sido, e continua sendo, o rei da indústria.

Depois que ele se tornou o foco da atenção do público, muitos desenvolvedores começaram a criar as suas próprias criptomoedas. Ao mesmo tempo, eles prometeram que as novas moedas serão "melhores e mais rápidas" do que o *bitcoin*. Contudo, até hoje, nenhuma moeda conseguiu ocupar um lugar dominante na indústria.

10.5 - *Bitcoin* é ruim para o Meio Ambiente

Os críticos argumentam que, à medida que o número de "mineradores" cresce, a demanda da rede por eletricidade aumenta. A maior parte é produzida em usinas termoelétricas e isso prejudica o meio ambiente.

Em 2019, pesquisadores da Universidade do Novo México publicaram um relatório sobre o impacto do *bitcoin* no meio ambiente. A criptomoeda realmente contribui para a liberação de substâncias nocivas na atmosfera da Terra. Aqui tem um grande "mas", desconsiderado pelos defensores do planeta: a energia utilizada para a mineração quase sempre vem, na realidade, de excedente de usinas hidroelétricas. Ela é então, "aproveitada" e não "gerada" para minerar *bitcoins*.

De quem é o problema? Dos "mineradores" que usam o que seria jogado fora, ou dos responsáveis por planejar a geração de energia?

O *bitcoin*, por si só, não é um incentivo para os fornecedores de eletricidade aumentarem a produção — e entender isso é bem importante.

10.6 - *Bitcoin* é uma bolha

Em 2017, o *bitcoin* cresceu quase trinta vezes, atingindo um máximo histórico de US$ 20 mil dólares. Então, quase na mesma velocidade, o preço do *bitcoin* caiu abaixo de US$ 4 mil dólares.

Nos mercados tradicionais, esses altos e baixos acentuados no valor de um ativo são chamados de "bolhas". Geralmente, após a formação de uma bolha, o ativo perde 99% do valor e fica no fundo. Felizmente, o *bitcoin* conseguiu ganhar quase todas as suas posições de volta. Em 2019, a moeda subiu para US$ 14 mil dólares, antes de uma nova queda.

Em uma escala relativamente pequena, esses movimentos acentuados de preços realmente parecem bolhas. Eu as chamo de "mini bolhas". A questão é que só existe uma bolha se o preço não volta e ultrapassa a maior marca anterior. E o *bitcoin* já venceu a mini bolha anterior por nove vezes em pouco mais de dez anos.

De fato, o *bitcoin* está em uma fase de crescimento muito longa. Dez anos atrás, a criptomoeda custava quase nada, somente a energia utilizada em um computador, mas agora não é encontrada por menos que milhares de dólares.

O *bitcoin* é baseado em um mecanismo de deflação: a cada ciclo de quatro anos há corte de 50 % na sua emissão, então, o preço da criptomoeda tende a aumentar no longo prazo; o que não acontece com as moedas tradicionais e fiduciárias, que ficam depreciadas com muita facilidade, especialmente no contexto dos eventos atuais no mundo de impressão descontrolada de dinheiro.

É preciso não esquecer que, recentemente, o Federal Reserve dos Estados Unidos e os bancos centrais da Europa anunciaram a possibilidade de imprimir um número infinito de notas para apoiar a economia global durante a pandemia de Covid-19. Quanto mais dinheiro comum houver em circulação, menor será o seu valor real. Os benefícios do *bitcoin* são óbvios aqui.

10.7 - O Governo pode destruir *bitcoin*

Anteriormente, em alguns países, proibições rígidas foram introduzidas em relação à principal criptomoeda. Atualmente, essas restrições estão sendo gradualmente removidas.

Em fevereiro de 2018, soube-se que o governo da Índia aumentaria o controle sobre a circulação de criptomoedas. As proibições foram efetivamente introduzidas, mas, já em março de 2020, o Banco Central da Índia autorizou oficialmente a cooperação entre bancos comerciais e empresas de criptomoeda.

Como mostra a prática, a resistência à disseminação de "criptos" praticamente não traz vantagens para o Estado. Porém, o apoio da indústria, pelo contrário, tem um efeito positivo na Economia. Por exemplo, um dos fatores no crescimento do Produto Interno Bruto do Japão, em 2017, foi a adoção do *bitcoin*.

Boa política é assim.

Essa é uma questão lógica. Uma proibição completa da rotatividade do *bitcoin* no país só levaria a um aumento no mercado negro. Contudo, o reconhecimento da criptomoeda como uma classe de ativos permite ao governo obter outra fonte de reabastecimento do orçamento por meio de impostos de investidores em criptografia. Ou seja, destruir o *bitcoin* não é rentável.

10.8 - *Bitcoin* não pode existir sem a *Internet*

A *Internet* é um componente importante para a rede de criptomoedas, porém, mesmo sem ela, continuará a existir. É improvável que a *Internet* deixe de existir. Embora, neste caso, os *bitcoins* também possam ser enviados pelo rádio.

O tamanho das transações *bitcoin* permite transferi--las mesmo usando ondas de rádio e satélites. Sim, você leu direito — o *bitcoin* pode ser transmitido via rádio. Tudo o que você precisa é de uma antena de sete megahertz e do aplicativo JS8call. Também já existe um satélite alugado pela Blockstream que garante a continuidade do Blockchain do Bitcoin.

10.9 - Somente criminosos e traficantes usam *bitcoin*

O mais interessante desse mito é que o inconsciente coletivo imagina que os criminosos estão entre os primeiros a dominar as novas tecnologias. O mesmo aconteceu com a *Internet*, transferências bancárias e outras coisas.

No início de sua história, muitas pessoas realmente compraram *bitcoin* apenas para gastar criptomoeda em bens ou serviços ilegais. Com o tempo, o ecossistema cresceu e agora apenas 1% das transações estão relacionadas a atividades ilegais.

Os principais usuários da criptografia são os *trader*s que especulam nas bolsas. Existem grandes empresas, fundos de *hedge* e até bancos inteiros de criptomoeda no setor. Além disso, muito em breve, você poderá gastar *bitcoins* em quase todos os terminais de pagamento do mundo. O cartão de débito da bolsa de criptomoedas da Binance ajudará nisso. Outros cartões nos Estados Unidos e Europa já estão igualmente em circulação.

10.10 - *Bitcoin* não tem valor

Este talvez seja o principal argumento dos críticos de criptomoedas. *Bitcoin* não pode ser usado concretamente, ou de alguma forma física. Por isso, o valor real do *bitcoin* deveria ser zero. Ou, a mais famosa de todas: *Bitcoin* não tem lastro.

Já debatemos sobre isso no início deste livro. Seguindo essa lógica, as notas em sua carteira também não custam absolutamente nada. Quando o dólar se afastou do padrão-ouro em 1971, o dinheiro deixou de ter lastro. De fato, isso permitiu que os bancos centrais criassem dinheiro "do nada". Após a abolição do padrão-ouro, a inflação do dólar só aumentou.

Já o Bitcoin tem o lastro mais explícito possível, tão claro que muitos não entendem. O consumo de eletricidade para garantir a captação da emissão de um Bitcoin, varia, mas atualmente, pós-*Halving* — em maio de 2020 —, calculo que, no melhor cenário, um "minerador" gaste sete mil dólares para captar um *bitcoin* via emissão. Esse custo envolve a eletricidade, o aluguel de um Data Center e o custo de aquisição das máquinas mais potentes do mercado, pois são essas que têm a melhor performance: poder computacional x consumo de energia.

Bitcoin certamente aumentará de preço? Não se surpreenda — o dinheiro é um conceito bastante convencional. As notas adquirem o seu valor apenas pelo fato de poderem ser gastas em quase todos os lugares do país. Elas são um produto universal, logo, quanto maior a utilização do Bitcoin, maior será o seu preço.

Bitcoin realmente não é apoiado por nada que se pareça com notas. No entanto, sua quantidade máxima é limitada, ou seja, não pode ser criada para sempre. Além disso, ele não pode ser falsificado, portanto, os *bitcoins* "falsos" não existem.

Bitcoin é simplesmente o melhor dinheiro. Em inglês, a melhor definição seria: *sound money*. Dinheiro que não pode ser impresso de forma indiscriminada pelos bancos centrais. Dinheiro que não pode ser censurado ou confiscado. Dinheiro que não tem fronteiras e não é controlado por nenhum Estado. O *bitcoin* oferece acesso igual a todos e não discrimina com base na localização geográfica, idade, sexo ou religião.

Fim do assunto, ou melhor, início de uma nova questão: *Seria bitcoin dinheiro, ou "ouro digital"?*

Só saberemos com exatidão essa resposta quando o teatro monetário internacional ruir, ou seja, o dólar deixar de ser o lastro das transações internacionais.

CAPÍTULO 11

BACKSTAGE

"Entre o idealista dedicado e o fanático, muitas vezes há apenas um passo".

Friedrich Hayek

Segundo as teorias da Neurolinguística, posso considerar que cresci desenvolvendo os dois hemisférios cerebrais de forma igual, graças ao meu pai e à minha mãe. Ele: intuitivo, abrangente e analítico. Ela: sintética, racional e disciplinada.

Não me dei conta do quanto isso faria diferença até precisar colocar em prática as decisões mais difíceis quanto aos investimentos.

Antes que você imagine que sou um radical e que defenderia o *bitcoin* sem olhar para todos os aspectos envolvidos, preciso abordar os prós e os contras.

Com o lucro de alguns dos investimentos — quase todos vindos diretamente de *bitcoins* — adquiri participação em algumas empresas. E o que me liga a elas é quem as faz. Para mim, é importante perceber tanto o objetivo quanto os personagens por trás dele.

Assim também o é quanto ao *bitcoin*.

Não fui em busca de quem fazia "a máquina funcionar", mas, ao longo desses anos, tratei de saber, quem "pilotava a nave"— corretoras/*exchange*, *sites* de informação e especialistas no assunto — em seguida, ampliei esse escopo para "o grande plano de voo", principalmente por meio do *Twitter*.

Busque conhecimento, esse é o único caminho.

11.1 - Quem está envolvido no desenvolvimento da rede Bitcoin?

O departamento de pesquisa da BitMEX (Bolsa de Derivativos de Criptomoedas) levantou as principais empresas ligadas ao desenvolvimento das tecnologias de Bitcoin.

Ao lado disso, há o desenvolvimento do processo de Lightning Network (LN) — ou Rede de Relâmpagos — que, segundo o *site Binance Academy*[36],

> [...] foi criado por Joseph Poon e Thaddeus Dryja em 2015. O projeto tem como objetivo principal desenvolver um protocolo de pagamento que pode ser usado como uma solução *off-chain* para o problema de escalabilidade que a Blockchain da *Bitcoin* vem enfrentando.

Basicamente, isso é a criação de canais de pagamentos individuais entre usuários, num modelo parecido com a de uma *Intranet* (Túnel de comunicação P2P — usuário para usuário). Quando for a hora de um "saque" dessa *Intranet*, são feitas as devidas anotações na *Internet* — Blockchain do Bitcoin.

Portanto, Lightning é o que chamamos de Segunda Camada de Registros das Transações do Bitcoin. Seria a camada criada para dar agilidade às transações de Bitcon, principalmente para *players* que transacionam muito entre si, como, por exemplo, corretoras de Bitcoin que têm grande fluxo da moeda entre elas, pois o vendedor está sempre em busca do melhor preço.

---

[36] BINANCE ACADEMY. "O que é Lightning Network?" Disponível em: https://www.binance.vision/pt/*Blockchain*/what-is-lightning-network. Acesso em 17/nov/2020.

As três principais empresas de financiamento de Bitcoin e Lightning, são:

1 - *Blockstream:*

A *Blockstream* é uma empresa especializada em tecnologia Blockchain, que foi fundada em 2014 pelo criptógrafo Adam Back, pai do *Hashcash* e uma das poucas pessoas citadas por Satoshi em seu *White Paper*.

Os principais produtos Blockstream são:

A *Lightning Network*, um protocolo de segundo nível para a realização de micropagamentos fora da Blockchain Bitcoin, que usa contratos inteligentes multilaterais. Esta solução permite descarregar a rede, reduzir o tempo de confirmação da transação e reduzir as taxas.

A *Liquid Network*, que fornece transações mais rápidas e confidenciais para grandes *players* como as corretoras.

O *Blockstream Satellite*, uma rede que transmite Blockchain Bitcoin em todo o mundo, através de satélites, em tempo real.

O *Blockstream Green*, uma carteira com muitos recursos de segurança disponíveis para dispositivos Android e iOS.

O *Blockstream Explorer*, um navegador de blocos compatível com a Liquid Network e que suporta a rede de teste das demais redes.

O *Elements*, uma plataforma Blockchain criada com base no Bitcoin de código aberto. Permite realizar operações com diferentes tipos de ativos digitais usando a tecnologia de transações confidenciais.

A *Blockstream Mining*, um serviço de mineração para clientes corporativos. Os Data Centers com uma capacidade total de trezentos megawatts estão localizados no Canadá e nos Estados Unidos. O serviço também integra um *pool* de mineração para clientes individuais.

O *Feed de Dados de Criptomoedas*, que permite rastrear dados em quatrocentos pares de negociação, incluindo cinquenta e oito ativos de criptografia e dezenove moedas fiduciárias. As informações são atualizadas, aproximadamente, duzentos milhões de vezes por dia, usando dados de trinta trocas populares de criptografia.

2 - Lightning Labs:

A empresa também está desenvolvendo um *software* para a rede Lightning. Fundada em 2016, com sede na Califórnia (EUA), tem como principais produtos:

O *Lightning Loop*, que permite manter os canais de pagamento da Lightning Network abertos por tempo ilimitado, ajustando seus saldos internos. Usando a função *Loop Out*, você pode retirar dinheiro dos canais para carteiras, ou trocar dinheiro por autorização. A função *Loop In*, pelo contrário, permite reabastecer o canal.

O *Lightning Network Daemon (LND)*, um cliente para gerenciar Nós do Lightning para fornecer alta confiabilidade e segurança de transações, além de interoperabilidade para aplicativos financeiros.

O *Neutrino*, um cliente de *software* para aplicativos móveis, projetado para fornecer confidencialidade, segurança e usabilidade em dispositivos de baixa potência com comunicações instáveis.

3- Square Crypto:

É a empresa queridinha de nove entre dez *bitcoiners* e tem como seu CEO, Jack Dorsey, também CEO do *Twitter* e um dos maiores evangelistas de Bitcoin.

A divisão de criptomoedas da empresa desenvolve soluções para o recebimento e processamento de pagamentos eletrônicos. Seus principais produtos são:

Cash App, um aplicativo móvel para pagamentos financeiros. Atualmente, tal aplicativo é muito utilizado para comprar Bitcoins nos Estados Unidos.

O *Lightning Development Kit (LDK)* é um produto Open Source projetado para ajudar os desenvolvedores a integrar a tecnologia Lightning nas carteiras de Bitcoin. Inclusive, Jack Dorsey tem apoiado diversos projetos de desenvolvimento do Ecossistema do Bitcoin, muitos deles por puro altruísmo.

11.2 - Desenvolvedores e patrocinadores

O relatório da BitMEX também apresenta uma lista de desenvolvedores e seus patrocinadores.

Desenvolvedores principais do Bitcoin — e seus patrocinadores:

>Vladimir van der Laan — MIT DCI
>Peter Will — Blockstream
>Marco Falke — Chaincode Labs
>Michael Ford — BitMEX
>Jonas Schnelli — Ex-Bitmain
>Samuel Dobson — John Pfeffer

Desenvolvedores de rede Bitcoin:

>Matt Corallo — Square Crypto (anteriormente, Chaincode Labs e Blockstream)
>Campos Corey — MIT DCI
>John Newbury — Chaincode Labs
>Russell Janofsky — Chaincode Labs
>Andrew Chow — Blockstream
>Suhas Daftuar — Chaincode Labs
>Alex Morcos — Chaincode Labs e outros

Os pesquisadores do BitMEX observam que, em termos de patrocínio e transparência, a situação no ecossistema Bitcoin é encorajadora, em relação à de 2012 e 2014, quando apenas a Bitcoin Foundation patrocinava praticamente todo o desenvolvimento, o que fica explícito no relatório[37] que concluiu que a situação é mais saudável do que no passado, em termos de acesso aos financiamentos, transparência e grau de distribuição entre financiadores.

Lembrem-se de que a maioria dos nomes citados acima são muito ativos no *Twitter*, que considero a melhor rede de informações do mundo *crypto* em inglês. Acredito que os que aprenderem chinês terão grandes vantagens, pois também é um mercado muito relevante e existem redes sociais muito ativas utilizando essa linguagem milenar.

11.3 - As principais vantagens

Já falamos das vantagens do sistema em si, na segunda parte deste livro, e agora, vamos relacionar isso aos dois tipos mais comuns de adeptos do Bitcoin.

Para quem enxerga *bitcoin* como ativo, há uma certeza de utilidade. Se você perguntar a esses investidores por que os *bitcoins* são necessários, provavelmente verá apenas olhares envergonhados e sobrancelhas levantadas, pois a resposta óbvia é: lucro.

Para os ideólogos podemos dizer que é segurança criptográfica para os adeptos de teorias do caos; é um *hedge* contra o sistema financeiro internacional e/ou nacional.

E quanto àqueles que preferem pensar que ele é moeda?

Com a definição do espectro de uso do *bitcoin*, as coisas são um pouco mais complicadas. Se o *bitcoin* é uma verdadeira moeda, o seu valor não deve consistir apenas na valia de um instrumento especulativo. Seus usos são possíveis, atualmente, das formas apresentadas nas seções seguintes deste capítulo.

11.4 - Como meio de pagamento alternativo

Se você passa bastante tempo *on-line*, pode ter notado um número crescente de projetos aceitando *bitcoin* como

---

[37] Ver: *Who Funds Bitcoin Development?*, 2020. Disponível em: <https://blog.bitmex.com/who-funds-bitcoin-development/>. Acesso em 3/nov/2020.

meio de pagamento. Em geral, o *bitcoin* se tornou bastante popular. É aceito por mais de cem mil vendedores na *Internet* e *off-line*, e o seu número está aumentando a cada dia. O *site* Coinmap mostra, de maneira lúdica, os diversos pontos de aceite de Bitcoin como meio de pagamento — aliás, o iFood aqui no Brasil começou a aceitar Bitcoin!

O número de caixas eletrônicos subiu de mil e quinhentos para mais de oito mil nos quatro anos que vivencio o mercado — em vista disso, leve *bitcoin* no bolso em sua próxima viagem internacional.

11.5 - Opção para um cartão de débito

O *bitcoin* oferece oportunidades semelhantes aos serviços bancários. Em algumas regiões, as pessoas já têm acesso aos caixas eletrônicos de *bitcoin*, onde podem retirar fundos de sua carteira ou transferi-los para um cartão de *bitcoin*. Esses cartões podem ser uma alternativa para debitar cartões bancários. Existem *bitcoins* físicos, o que até agora não funcionou como meio de troca, a não ser para colecionadores, que ganham mais pela relíquia do que pelo valor do Bitcoin inserido dentro da moeda, sob a forma da chave privada do mesmo.

11.6 - Como um registro de transação permanente

Como já escrevi, em janeiro de 2009, quando Satoshi Nakamoto extraiu o bloco de gênese do Bitcoin, ele deixou a seguinte entrada: "*The Times* de 3 de janeiro de 2009: Chanceler à beira de outro resgate de bancos". Esta referência ao sistema bancário moderno reflete um dos principais elementos do Bitcoin. O Blockchain captura todas as transações dessa criptomoeda. Mais importante: devido ao fato de que dados de terceiros podem ser inseridos no registro, o Bitcoin pode ser usado para trocar informações e valores que não estão relacionados a ele. Desde o seu início muitas mensagens e registros foram gravados no Blockchain do Bitcoin, imagens na guerra da Síria, pedido de ajuda a refugiados, juras de amor eterno, registro de filhos e por aí vai.

Esse mecanismo é melhor implementado por *altcoins* como o Ethereum, mas foi o Bitcoin quem primeiro propôs esse conceito. O Ethereum é um Blockchain fundado a partir do princípio de criação de um sistema computacional descentralizado, usando tecnologia similar à do Bitcoin, porém, mais aberta em termos de código.

O sistema Ethereum funciona com a moeda *ether*, a segunda no *ranking* de importância das criptomoedas. Diferente do Bitcoin, no Ethereum não há limitação de moedas digitais a serem emitidas pelo sistema, além disso, existe em seu plano de ação (*Road Map*) a implementação de tecnologias que, até o momento, não foram testadas na prática, e basicamente têm muito potencial, como também mais risco que o Bitcoin — uma tecnologia que, sob a perspectiva do universo *"crypto"*, já foi testada e aprovada.

11.7 - No lugar de moeda fiduciária

O *bitcoin* é uma solução-chave para aqueles que não querem, ou não podem, usar moeda fiduciária — o dinheiro do dia a dia —, ou que perderam a fé nos bancos centrais, ou vivem em um país com uma economia degradante, ou em uma região onde não há moeda estável.

Se usarmos instrumentos financeiros já disponíveis no ecossistema do Bitcoin — como os Derivativos, investimentos mantidos até o vencimento e opções como *Calls* e *Puts* — é possível modular a volatilidade excessiva que ele apresenta em alguns momentos, ou seja, é totalmente possível ser um bom instrumento de investimento e uma alternativa saudável à moeda fiduciária.

Ninguém sabe o que o Futuro reserva para o *bitcoin*, no entanto, os casos de uso descritos acima são válidos no momento e, aparentemente, serão válidos por mais algum tempo — menos no Quirguistão.

11.8 - Quais são, portanto, as desvantagens do Bitcoin?

O caminho não é tão suave assim. É preciso entender que também há problemas envolvidos nas transações com criptomoedas. Os fraudadores podem atrair usuários de *bitcoin* para pirâmides financeiras, fingir serem "mineradores", serviços de carteira e *exchange*.

Vejamos nas seções adiante quais são os "contras".

11.9 - As Pirâmides

O *scammer* — estelionatário, pilantra, mandrião — quer que você envie dinheiro para a carteira dele, prometendo pagar uma porcentagem estranhamente elevada.

No Brasil, em 2018, tivemos diversos casos que chegaram a captar na casa do bilhão. *Negocie Coins* e seu "Craudião Maluqueza"; *Atlas* e seus *Bots* do Harry Potter criados por um tal Rodrigo; *Unick Forex* e seus retornos infinitos. Todas com processos judiciais em andamento e algumas que roubaram milhares de brasileiros.

11.10 - *Exchanges* Golpistas

São oferecidos recursos não disponíveis em carteiras de *bitcoin*, ou seja, vão fingir terem fundos e facilitar ao máximo os meios de pagamentos, como processamento pelo PayPal, ou uma taxa de câmbio mais favorável. Não preciso dizer que, depois de receber os dados do seu cartão ou o seu dinheiro, os golpistas irão simplesmente retirar o dinheiro das contas.

Houve um caso de uma grande corretora no Canadá, a QuadrigaCX, que supostamente foi *hackeada* e, pouco tempo depois, seu fundador "morreu" misteriosamente na

Índia — inclusive, tendo o seu corpo cremado. Curiosamente, doze dias antes de "morrer", ele deixou um testamento. "Suspeita-se" que ele fugiu sem deixar provas.

11.11 - Carteiras fraudulentas

A forma mais popular de fraude. As carteiras fraudulentas são semelhantes às carteiras *on-line* comuns, com uma diferença: você não receberá o seu próprio endereço, e sim um pronto, a partir da qual o seu dinheiro será direcionado para fraudadores.

11.12 - Mineração

Há aqueles que querem obter *bitcoins* através da mineração — assunto que não é o foco deste livro. Existem tantos *scammers* e é um mercado tão difícil, que não recomendo a ninguém. A única possibilidade de dar certo é se associando a um dos grandes *players* do mercado com vantagens óbvias de escala; algo que envolve muito dinheiro e não está disponível facilmente em *sites* da *Internet*.

De qualquer forma, vale a pena prestar atenção caso você decida começar a pesquisar como fazer isso. Por isso, verifique junto aos *sites* que oferecem a possibilidade, se têm alguma dessas características, levantadas pela plataforma LiveCoins como altamente suspeitas:

1º) Nenhum endereço de mineração: a empresa não assina blocos, não há nada público;

2º) Sem apoio de fabricantes: fabricantes ficariam felizes em confirmar que fazem negócios com tal empresa;

3º) Sem fotos do *hardware/datacenter*: não há razão para não fornecer tal prova. Note que fotos podem ser manipuladas e/ou criadas;

4º) Venda ilimitada de *hashrate*: empresas têm um limite de *hashrate* baseado nos equipamentos já instalados, a compra e/ou instalação de mais máquinas não é instantânea;

5º) Programas de indicação (*link* e MMN): essa é a melhor ferramenta de *marketing* dos golpistas. Vale lembrar que o Marketing de Multinível em si não é um crime, mas muitos golpistas se aproveitam desse modelo. Portanto, é um alerta vermelho: fuja!;

6º) Operadores anônimos: *sites* que não mostram quem é o dono, empresas sem uma pessoa por trás;

7º) Sem estratégia de retirada: você não pode retirar o seu investimento quando quiser;

8º) Lucro fixo e/ou garantido: este setor é uma montanha-russa, não há como garantir nada. Quem estiver garantindo lucro certo e constante é em 99,99999% das vezes *scammer*.

Não posso terminar esse assunto sem falar de uma característica que, ao mesmo tempo, pode ser vista como bênção ou maldição: a volatilidade. E, por ser uma das questões mais complexas da área, merece um capítulo específico.

CAPÍTULO 12

VOLATILIDADE

"Enquanto o mundo estava festejando, alguns observadores excêntricos viram o que ninguém viu".

A Grande Aposta. **Direção de Adam McKay, 2015**

O que é volatilidade?

Volatilidade, nas palavras mais simples, é o quanto o preço muda ao longo do tempo; como ele sobe ou desce. Esse é um indicador matemático de uma provável mudança de preço. Em termos objetivos é a "variação da taxa de variação". Um ativo que sobe 1% ao mês, por cinco anos, tem volatilidade zero no período.

$$\sigma = \sqrt{\frac{\sum_{i=1}^{N}(r_i - \bar{r})^2}{N-1}}$$

Where: N = number of observations

$\bar{r}$ = mean return

r_i = return at period i

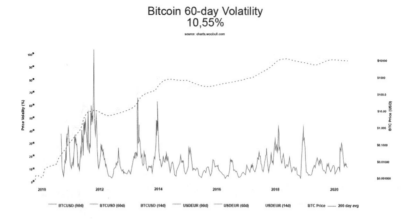

Gráfico 1 - Bitcoin 60-day Volatility : Woobull Charts[38]

O gráfico acima mostra o histórico de volatilidade do Bitcoin. Perceba como é um ativo volátil, apesar de estar em processo de "domesticação".

Na maioria das vezes, o indicador de volatilidade é refletido como uma porcentagem.

O índice mais popular que reflete a volatilidade é o VIX. Eles medem o grau de volatilidade esperada do índice S&P 500.

Geralmente, quanto menor a capitalização de um ativo, mais ele está sujeito a volatilidade. Isso se deve ao fato de os pequenos mercados responderem mais às mudanças. O *bitcoin* ainda é um pequeno ativo, portanto, a sua mudança de preço de 15% a 30% é percebida por nós com mais calma do que a variação no valor da moeda em relação ao dólar, por exemplo, em 7,5%.

Também é verdade que quanto maior a volatilidade, mais arriscado o ativo: ele pode ganhar mais em pouco tempo, como também perder mais.

Existem várias categorias de volatilidade. Para *bitcoin*, é definida a volatilidade "histórica". Ainda existe a

---

[38] Disponível em: <https://charts.woobull.com/bitcoin-volatility/>. Acesso em 17/nov/2020.

volatilidade "prevista" — o valor esperado no Futuro. Não há dados suficientes para o *bitcoin* para que esse indicador seja absolutamente preciso.

12.1 - Razões da volatilidade

Enquanto alguém se tornou um milionário do *bitcoin*, outro perdeu tudo e pode ter ficado preso em dívidas. É o famoso adágio do mercado financeiro, onde todo dia sai um "esperto" e um "trouxa"; se ao voltar, você não souber qual o seu papel ao final do dia, sem dúvida, foi o "trouxa". Para tanto, este livro existe, dentre vários motivos, para que você não seja essa pessoa.

O *bitcoin* está sujeito a fortes flutuações de preço e existem várias razões para isso.

12.2 - Tamanho do mercado

O mercado de criptomoedas, excluindo Bitcoin, é pequeno comparado aos mercados de ativos tradicionais. É mais como uma aposta em empresas individuais (*Venture Capital*). Os mercados de títulos e pares de moedas são muito maiores. No auge, a capitalização do *bitcoin* era de US$ 380 bilhões de dólares, mas, por exemplo, o mercado de ações é avaliado em dezenas de trilhões.

Um pequeno mercado está sujeito a manipulação, e é mais dependente de flutuações na oferta e na demanda. Mesmo pequenas injeções alteram o preço: um grande investidor, ou grupo, pode criar um forte aumento nos preços.

Tome cuidado com *altcoins*, que você nunca ouviu falar e que estão em processo de valorização acelerado. Quanto mais alto o pulo, mais alta a queda.

12.3 - Regulamentação

O governo pode fechar mercados e reduzir a liquidez. Esse foi o caso da China, quando, por decisão do governo, as operações foram fechadas, ou quando em Singapura, ao contrário, foram abertas.

12.4 - Notícias

Quando as notícias são positivas, estimulam o interesse dos investidores e incentivam os participantes do mercado a comprar criptomoeda, aumentando o seu preço. A título de exemplo, notícias sobre o lançamento de futuros, como foi o caso da CME — uma corretora de Chicago que lançou, com sucesso, sua negociação de Futuros de Bitcoin. Elas atraem pessoas. Por outro lado, mensagens sobre bolhas, projetos de fraude ou trocas de *hackers*, reduzem o preço.

12.5 - Mudanças no humor do mercado

Essas mudanças estão, principalmente, relacionadas à regulamentação e às notícias.

12.6 - Distribuição de fundos

O *bitcoin* é distribuído de forma desigual. De todos os *bitcoins*, 40% pertencem a mil carteiras; apesar de, nesse número, existirem os *bitcoins* perdidos, o que diminui de forma relevante a real distribuição dos mesmos. Não deixa de ser vital apontar que existem *players* que pagaram dez centavos por *bitcoin* e existem *players* que pagaram US$ 20 mil dólares — obviamente, os compradores iniciais levam enorme vantagem na formação de preço desse ativo; são as "baleias".

12.7 - Como usar a volatilidade

O *bitcoin* tem alta volatilidade, pois está numa fase de descobrimento de preço, e, para as *altcoins* — as criptomoedas alternativas —, a questão é ainda mais aguda.

Essa situação no mercado é ótima para *trader*s e investidores de risco, mas evita a inclusão de criptomoedas nas carteiras de *players* mais cautelosos no mercado. Por exemplo, os fundos de pensão não correm muito risco e não compram um ativo com grande volatilidade.

Para os investidores, a volatilidade é uma oportunidade de enriquecer relativamente rápido. Ao longo de sua história, o *bitcoin* sobreviveu a, pelo menos, nove ciclos de altos e baixos. Seu preço aumenta "subitamente" e depois cai para o penúltimo nível de suporte. Os investidores podem usar a estratégia de armazenamento simples de fundos: se você tiver tempo suficiente, aguardará a volta do preço. À medida que a recompensa do bloco diminui em um determinado momento, e o número de moedas é limitado, o preço aumentará — seja sempre bem-vindo, *halving*!

A estratégia de investimento de longo prazo funciona, porém, também não é isenta de riscos. Existem "cisnes negros", aqueles eventos completamente inesperados e abrangentes, cujas consequências ninguém imagina, assim como o risco de o *bitcoin* precisar de uma tecnologia mais avançada e os *stakeholders* não chegarem a um consenso para os devidos *upgrades* no código.

Para *trader*s experientes, esta é uma oportunidade de ganhar. Para jogar na bolsa de valores, você precisa de alta volatilidade. Ele permite que você não apenas ganhe dinheiro rápido, como siga as principais tendências. Aqueles que estão acostumados a jogar em mercados mais estáveis estão reestruturando as suas estratégias para o mercado de criptomoedas, ajustando-se à alta volatilidade.

CAPÍTULO 13

PAIN AND GAIN

> "O mágico só é mágico,
> porque não acredita na mágica".
>
> **Daniel Duarte**

O Topo do Mundo existe e não é no alto de uma montanha. É um local interno que alcançamos quando tudo está perfeito — dentro e fora.

Experimentei a chegada a ele a cada vitória dos meus tantos jogos de handball; em muitos almoços de domingo, na infância; na onda perfeita de um mar paradisíaco; ou na leitura de meu nome dentre os aprovados num dificílimo vestibular. Vivenciei essa experiência no meu casamento, numa cerimônia para vinte pessoas, na Ilha de Capri. Quarenta e oito horas antes, eu não tinha certeza de nada, só sabia, internamente, que seria incrível. Tenho uma imagem que retrata o que foi para mim e me orgulho de dizer que nenhum ator de Hollywood tem uma foto de casamento como a minha.

Figura 1 – Foto de Arquivo do autor; foto de Fernando Conrado.

Confirmei a presença das pessoas mais importantes no momento em que decidimos nos casar e, dois meses depois, estávamos lá, contando com três fatores significativos: sorte, disposição para risco e fé.

Eu não tinha dúvidas de que o tempo estaria maravilhoso, nem de que o restaurante escolhido, o *Di Paolino*, poderia nos receber. Também nem sequer questionava se os convidados estariam lá, em Capri, dois dias antes do evento e que, às duas horas da manhã do dia seguinte — seis horas depois da cerimônia —, ao pé do Farol de Capri, estaríamos na balada mais tradicional dessa ilha mágica e encantadora. O que eu não sabia é que, na mesa ao lado, uma das apresentadoras de televisão mais famosas da Itália fazia aniversário, e foi uma tremenda festança na Anema e Core!

O único investimento que realmente me dei ao luxo, foi convidar meu amigo — e, naquela fase, fotógrafo — Fernando Conrado, para ser o meu único *staff* contratado para o evento. Ele agregou em tudo, desde o *mis en scene*, ao cerimonial, o roteiro, as fotos em si e as histórias para contar.

Seis anos depois, Fernando Conrado é muito conhecido por ser um *influencer digital* que faz todo mundo parar para pensar e, graças a uma aula que ele deu no *Instagram* sobre propósito, resolvi escrever este livro.

Em suma, que honra é, hoje em dia, ter um álbum de fotografias de casamento em Capri, fotografado por Fernando Conrado. Que golpe de mestre ter percebido o valor que, adicionar esse "investimento" ao casamento, iria fazer ao evento!

Tudo aconteceu da melhor maneira possível para nós: Karen e eu.

Não vivemos isso pela pompa em si; mesmo porque nosso casamento foi muito mais barato do que qualquer cerimônia com as pessoas da minha família. Fiz um *Trade Off*. Em vez de convidar cem ou duzentas pessoas para uma festa tradicional, convidei vinte figuras indispensáveis para os dias mais incríveis da minha vida. O custo total da festa, somado à viagem de núpcias, não chegou a R$ 40 mil reais — Que barbada!

Este Topo do Mundo foi um Himalaia, apenas superável pelo seguinte — também uma situação emocional: a notícia da chegada da minha primeira filha, Maria Beatriz.

Se vou declarar que o Topo do Mundo também foi alcançado quando tripliquei meu patrimônio? Ou quando não se tratava mais de três, e sim de trinta vezes mais do que eu tinha? Não! O que me levou ao Topo do Mundo em 2017, foi a confirmação de tudo que antevi em 2016. O troféu é acertar a tese; a recompensa é a riqueza advinda desse acerto.

O *bitcoin* foi a ferramenta minuciosamente manipulada para que eu desse início a muitas viagens que, quem sabe, me levarão novamente ao Topo do Mundo, não indubitavelmente.

Já disse aqui que penso que dinheiro é confiança. Mas o que fazemos com confiança? Depositamos confiança em algo, como fazemos com o dinheiro.

Depositei a minha confiança em empresas que acredito terem potencial para gerar muito desenvolvimento, em projetos que beneficiarão várias pessoas e tenho investido em itens mais sólidos que garantirão a ampliação de possibilidades, tais como imóveis, por exemplo.

Isso é um pouco de empreendedorismo e muito de minha percepção da necessidade de devolver a generosidade que sempre recebo, de Deus, das pessoas, das informações que se apresentam e abrem novos caminhos. Acredito na Lei do Retorno; acredito que a vida seja uma mistura de energia e vibração, logo, nada mais natural do que doar, pelo menos um pouco, de volta.

Embora as fronteiras ainda existam nos níveis político, burocrático e estatal, elas começam a entrar em colapso no nível social. O desejo das pessoas de se unirem vai além das relações políticas ou corporativas. E essa luta estimulará o desenvolvimento de um novo sistema monetário. O existente, repleto de instituições corporativas e políticas, terá que fazer uma escolha: deixar tudo como está e desistir da confiança, ou criar algo novo, possivelmente, um "Admirável Mundo Novo". Este último intento exigirá uma solução alternativa para a transição para um novo sistema financeiro.

13.1 - *Bitcoin* pode não ser uma solução

Uma das soluções alternativas poderia ser o Blockchain — a base do *Bitcoin*. Qualquer pessoa pode obter uma cópia de todas as transações de criptomoeda e participar da verificação de pagamentos passados e futuros. Assim, a descentralização é alcançada — a decisão sobre a confiabilidade da transação é tomada não pela organização central, mas por toda a comunidade. Além disso, um grande número de participantes da rede aumenta a resistência do Blockchain à manipulação, pois quanto maior a comunidade, melhor o Blockchain está protegido contra os ataques e *hacks*.

Sendo a primeira criptomoeda que funcionou, o *bitcoin* tem uma reputação apropriada e as vantagens de um ser um tipo de desbravador. Ele lançou as bases para moedas descentralizadas e provou a viabilidade desse conceito. Em pouco mais de dez anos, ele conquistou o mundo inteiro.

Ao mesmo tempo, o Bitcoin pode não ser a solução.

Satoshi Nakamoto sugeriu, inicialmente, que pessoas comuns estariam envolvidas na verificação de transações. Para fazer isso, eles precisariam apenas de computadores conectados à rede. No entanto, alguns usuários perceberam que processadores mais poderosos lhes oferecem uma vantagem na verificação de transações e no recebimento de recompensas — o Bitcoin usa o algoritmo de *hash* SHA-256, que se presta bem à paralelização em processadores. Hoje, apenas os computadores mais avançados baseados em circuitos integrados para fins especiais (ASICs) permitem minerar *bitcoins* e receber recompensas.

Mineração é o processo de atualização do registro Bitcoin. O computador que resolveu o problema matemático especial, aquele que foi o mais rápido e confirmou o próximo bloco do registro, recebe uma recompensa em *bitcoins*.

Os críticos do Bitcoin costumam dar um argumento errado; o de que a criptomoeda é usada para atividades ilegais — vimos isso no capítulo "Derrubando Mitos". Atividades ilegais existem muito antes do surgimento do Bitcoin e continuarão existindo, independentemente de seu destino. Uma mesma coisa em mãos diferentes pode ser um instrumento de progresso ou de destruição. Portanto, comprar drogas na *Internet* com *bitcoins* não é pior do que comprar armas no Craigslist com dólares, ou andar pelos corredores governamentais com dinheiro na cueca. Como se costuma dizer, haveria um desejo, mas há um caminho.

A substituição final do atual sistema monetário é uma questão de tempo. Essas palavras não são motivo de esperança para os apoiadores do Bitcoin, ou uma ameaça para as instituições existentes. Esta é apenas uma observação baseada no conhecimento da evolução do dinheiro.

Se será o *bitcoin,* ou qualquer outra criptomoeda, é difícil saber. Atualmente, sem dúvida, é o *bitcoin* e estarei atento para identificar quaisquer mudanças nesse cenário.

13.2 - Emergência de valor

Apesar do fato dos Estados Unidos há muito abandonarem o padrão-ouro, o dólar ainda vale US$ 1 dólar, porque o governo apoia o seu valor. O mesmo pode ser dito sobre quase todas as moedas tradicionais — todas elas são apoiadas pelos governos. Aliás, em todos os países há uma lei uma que se chama "Curso Forçado do Dinheiro", que obriga os nacionais a aceitarem a moeda pátria nas transações locais.

Em última análise, porém, o contexto do valor, existente através dos esforços e promessas do governo, é um argumento da imaginação e de acordos coletivos. Podemos dizer que a crença das pessoas de que a moeda vale algo é tão importante quanto a lei dos governos.

A fé dos usuários também está presente no mundo das criptomoedas, mas não existe um órgão que garanta valor.

Portanto, historicamente, as criptomoedas têm se esforçado para encontrar esse valor interno. Isso gera um amplo espaço para construir riquezas e, em muitos casos, enganar os "trouxas".

No final de 2015, começou a ser muito fácil o advento das ofertas primárias de moedas (ICOs) baseadas no Ethereum.

O ICO (Initial Coin Offering) é um evento de captação de recursos em que os investidores podem comprar novos *tokens,* uma espécie de ativo digital — diferente de uma moeda —, que pode ser usado futuramente num projeto. Eles são vendidos a um preço especial investindo dinheiro — geralmente, o *ether* — nos estágios iniciais do desenvolvimento de um projeto. E porque tudo isso é muito novo, o sucesso do ICO depende exclusivamente da boa-fé da equipe por trás do *token*, logo, é um verdadeiro Velho Oeste!

Por exemplo, para criar uma criptomoeda, você pode iniciar uma ICO e tentar trazer informações às pessoas sobre as vantagens e a visão dos desenvolvedores. Em seguida, pode definir um determinado preço de venda — tal como quinhentas moedas por um *ether*.

Os ICOs estão atualmente se equilibrando na linha tênue entre o que pode e o que não pode ser feito de acordo com as regras; dessa maneira, se você pretende participar deles, faça-o com cautela.

Não estou recomendando que você entre em ICO sem bastante conhecimento sobre o assunto. *Na verdade, não recomendo que você entre em ICO algum!*

Atualmente, mais de seis mil criptomoedas estão registradas. A maioria está na forma de *tokens* Ethereum nascidos durante ICO's. Embora muitas delas possam ser facilmente chamadas de "golpes" — moedas sem valor real, que apareceram exclusivamente para o enriquecimento de seus criadores —, novos e interessantes projetos estão constantemente aparecendo no espaço das criptomoedas.

De mercados *on-line* como o eBay a serviços semelhantes ao Uber, uma nova Economia baseada em criptomoedas está sendo criada. É provável que muitos projetos falhem e a maioria deles não pode ser chamada de original; ao contrário, eles representam a transferência de ideias existentes do espaço tecnológico para o ecossistema de criptomoedas.

Essa transformação é a base para mais inovações. Testemunhamos repetidamente a transformação econômica dos países. O exemplo de sucesso mais recente é a China. Adotando uma política de portas abertas, em 1978, que simplificou o comércio com outros países, o país se transformou em um império industrial. À medida que a economia crescia, a China se tornou mais experiente tecnologicamente; não por causa da inovação, mas copiando os modelos de negócios das empresas de tecnologia existentes no resto do mundo. Após dominar as cópias e formar um exército de engenheiros nos mais diversos segmentos, estão agora, prestes a dominar o mundo, pelo menos, em sua perspectiva econômica.

13.3 - Quais são os próximos passos?

As criptomoedas são um espaço praticamente não regulamentado que existe com base no consentimento coletivo dos usuários. Se o Futuro será com *bitcoin,* ou outra criptomoeda, que possivelmente nem exista ainda, a verdade é que o mercado de criptomoedas está no caminho certo, embora turbulento para a inovação em escala global.

Por milhares de anos, o dinheiro evoluiu de conchas para pedaços retangulares de plástico e depois se tornou completamente digital. Além disso, cada uma de suas formas atendeu aos requisitos de local, tempo e geração de pessoas. A atual revolução, no entanto, já está afetando o mundo inteiro; e a substituição final do sistema monetário existente é apenas uma questão de tempo.

O que quero dizer com isso tudo?

Que apesar de ser entusiasta, defensor e investidor de *bitcoins,* eu não acredito em mágicas. A mudança é difícil e, se for preciso mudar a direção, a qualquer momento, para conseguir mais ferramentas em busca do Topo do Mundo, farei isso, sem piscar.

CAPÍTULO 14

NÃO HÁ FUTURO, HÁ OPÇÕES

A onisciência é negada ao homem.

Ludwig von Mises

Passei a infância montando quebra-cabeças. Era o meu passatempo preferido e, enquanto não encaixava a última peça, não havia paz interior. Eu precisava ver a figura inteira.

Quando comecei a comprar *bitcoins* em 2016, me deparando com um universo a desbravar, recorri à habilidade adquirida e, mesmo sem "a figura da caixa" como guia, juntei as peças atrás de um padrão que eu descobri muito rapidamente: o custo da primeira criptomoeda caiu repetidamente ao longo dos anos, mas sempre aumentou, superando os registros anteriores. Ou seja, muita gente se concentra no *All Time High* — maior valor já alcançado pelo Bitcoin —; eu, ao contrário, sempre me interessei pelo *All Time Low* do último ciclo. O valor de US$ 3200 dólares é o que eu olho, em 2020, como mínimo dos mínimos.

Em 2009, o *New Liberty Standard* estabeleceu a taxa de câmbio do Bitcoin em mil trezentos e nove *bitcoins* por US$ 1 dólar, assim sendo, o preço de uma moeda era de cerca de US$ 0,000764 centavos de dólar. No verão seguinte, o custo da criptomoeda era quase cem vezes maior: no nível de US$ 0,080 centavos de dólar e, no meio do outono, US$ 0,50 centavos de dólar.

O rali de 2017, momento no qual eu realmente ganhei muito dinheiro com *bitcoins*, não parece mais tão legal e significativo, certo? Tenho duas fortes convicções a respeito. A primeira é que podemos entender o que leva às altas e baixas do mercado focando nos padrões. A segunda é que no momento de caos é quando o trabalho melhora, ao menos para os loucos como eu, pois quando todos vendem é a hora de comprar.

14.1 - A figura da caixa

O *bitcoin* começou a sua primeira ascensão real ao *mainstream* em maio de 2013. Seu preço começou a subir a partir de US$ 90 dólares. Em cerca de três semanas, a taxa aumentou para US$ 134 dólares, seguida por uma reversão. Como resultado, em 6 de julho daquele ano, a primeira criptomoeda caiu quase duas vezes, atingindo o valor de US$ 69 dólares. Isto foi apenas uma preparação para uma recuperação real, porque nos seis meses seguintes, o ativo cresceu 1571% — um máximo local de US$ 1,153 dólares foi estabelecido em 5 de dezembro de 2013. O mercado ficou em alta por cinco meses.

Depois disso, em duas semanas, a criptomoeda caiu mais de duas vezes, até US$ 552 dólares. Em 7 de janeiro, o *bitcoin* novamente subiu para a marca de US$ 1 mil dólares. Então, no ano seguinte, o preço da criptomoeda caiu, às vezes subindo por um curto período. O resultado foi um mínimo de US$ 173 dólares até 17 de janeiro de 2015 e uma queda de 85% em doze meses.

Até outubro daquele ano, a taxa não conseguia se recuperar de um declínio tão acentuado. Não excedia US$ 300 dólares, mas não ficava abaixo de US$ 200 dólares. Foi a partir desse ponto que um novo crescimento impressionante no preço da primeira criptomoeda começou. Em 25 de agosto de 2015, o *bitcoin* estava sendo negociado a US$ 205 dólares e, após dois meses e meio, em 4 de novembro, a US$ 488 dólares.

Em junho de 2016, o valor do *bitcoin* ultrapassou US$ 761 dólares, e eu entrei em setembro a US$ 681 dólares. Quase um ano depois, em março de 2017, quebrou o máximo histórico anterior e, pela primeira vez, subiu para US$ 1,274 dólares. Em 17 de dezembro de 2017, a primeira criptomoeda estava sendo negociada a US$ 19,974 dólares. Esse recorde no preço ainda é válido e me beneficiei dele. Com a desvalorização do real em 2020, com meros US$ 14 mil dólares, já atingiríamos a máxima histórica em nosso "dinheirinho de índio" — ironia com todas as frágeis moedas sul-americanas.

Como resultado, por estimativas aproximadas, a alta desta vez durou vinte e oito meses: de agosto de 2015 a dezembro de 2017. Durante esse período, o preço da criptomoeda aumentou 9884%.

Por conseguinte, novamente, chegaram tempos difíceis para todo o mercado financeiro digital: o preço do *bitcoin* começou a cair acentuadamente. Em fevereiro do ano seguinte estava abaixo de US$ 7,200 dólares e, em 16 de dezembro de 2018, estabeleceu um mínimo, em torno de US$ 3,200 dólares. A queda em doze meses foi de 84% — a mesma de quatro anos antes.

Em 2019, de novo, mudanças. O dado peculiar é justamente a atividade vista no Blockchain. O *bitcoin* bateu recordes impressionantes em 2019, compreendendo a transferência de mais de US$ 8,9 bilhões de dólares em valor, em somente três blocos. A criação do Consórcio *libra/calibra* — famosa moeda do *Facebook*, que agora teve o seu nome mudado para *novi* —, bem como discursos do Chefe Supremo chinês sobre a relevância que a China dará para a tecnologia Blockchain, fez como que a atenção e preço do Bitcoin retomassem grande impulso.

14.2 - O Futuro

O Futuro poderia ser previsto com certa tranquilidade, caso na tampa da caixa do quebra-cabeças só houvesse ursos, touros e baleias, mas outro ser apareceu: um vírus. E se considerarmos o ecossistema envolvido, ainda há outra analogia envolvida: uma espécie de mitose implantada pelo "geneticista" financeiro Satoshi Nakamoto, ou para o *bitcoin*, o *halving* de 2020.

Essa história de previsões é estranha. Parece que quanto mais distante na linha do tempo olhamos, mais fácil fica.

Há quase trinta anos, o economista americano Milton Friedman (1912-2006), ganhador do Nobel em 1976, disse que gostaria que o dinheiro fosse controlado por um computador. Ele também falou que o mundo seria melhor sem o Federal Reserve. Um de seus dois desejos já foi realizado na forma de *bitcoin* — de fato, ele previu o seu surgimento em 1991. E a pressão contínua do dinheiro do FED, causando críticas crescentes na sociedade, pode aproximar a implementação do segundo cenário.

É interessante assistir a um pequeno vídeo no qual Friedman — que morreu em 2006 — fala sobre *bitcoins*, uma invenção que apareceu cerca de dezoito anos após a gravação da entrevista lendária[39].

Como principal oponente da política do governo *keynesiano*, em vigor hoje, Friedman promoveu o ponto de vista macroeconômico conhecido como "monetarismo". Em vez de o FED intervir e imprimir dinheiro a seu critério, ele argumentou que deveria haver uma expansão lenta e constante da oferta monetária. Friedman expressava o seu desejo de ter dinheiro controlado por computadores, que "não podem intervir e ajustar a política a seu critério".

---

[39] FRIEDMAN, Milton. "Milton Friedman predicts the rise of Bitcoin in 1999!" *Canal Coin Republic*, 2013. (0:53) *YouTube*. Disponível em: https://www.youtube.com/watch?v=6MnQJFEVY7s. Acesso em 17/nov/2020.

Menciono Friedman, pois é um pensador mais palatável para o grande público, mas um antecessor dele foi ainda mais importante na minha vida: Friedrich Hayek (1899-1992).

É difícil — e principalmente injusto — descrever Hayek em poucas palavras; o que posso dizer é que as primeiras páginas do seu livro, *A Desnacionalização do Dinheiro*, foram as oitenta páginas já lidas mais importantes para o meu sucesso patrimonial. Na obra — escrita quatro anos após a quebra do padrão-ouro por Nixon —, Hayek antevê o advento de moedas privadas não dependentes de bancos centrais; eis aqui a gênese do Bitcoin, pelo menos para mim. Foi o que me fez dar *all in* nesse ativo mágico, em 2016. Obviamente, considerando que o Bitcoin é o experimento mais bem-sucedido de dinheiro descentralizado, protegido contra acesso não autorizado e rodando em computadores, é fácil esquecer a existência de precursores para a primeira criptomoeda.

David Chaum lançou o DigiCash em 1989, que usava criptografia para pagamentos privados e introduziu o conceito de chaves públicas e privadas. O projeto recebeu apoio de libertários e pequenos grupos em favor de uma moeda digital, que poderia ser transferida internacionalmente, sem controle estatal.

Embora o DigiCash e outros projetos que precederam o Bitcoin não pudessem ganhar impulso, Friedman não estranhava que houvesse necessidade de dinheiro eletrônico. Ele acreditava que isso aconteceria no Futuro. No mesmo ano, ele disse:

> Uma coisa que ainda nos falta e que desenvolveremos no Futuro próximo é o dinheiro eletrônico confiável — um método pelo qual o dinheiro pode ser transferido de A para B na *Internet*, sem conhecer A e B e vice-versa[40].

---

[40] FRIEDMAN, Milton. "Milton Friedman predicts the rise of Bitcoin in 1999". *Op. cit.*, 2013. Disponível em: <https://www.youtube.com/watch?v=6MnQJ-FEVY7s>. Acesso em 28/out/2020.

O Bitcoin oferece uma alternativa viável ao pedido do Mestre e é totalmente gratuito para os jogadores centrais.

E quanto ao segundo desejo de Friedman se tornará realidade? O FED será completamente abolido? O tempo dirá. Particularmente, acredito na coexistência desses ativos, não acho que seja *the winner takes all*.

Caso esteja se perguntando quanto ao Futuro específico do Bitcoin; há quem tenha certeza de que o ciclo de Bear Market — quando o mercado experimenta quedas prolongadas de preço — ainda não acabou. Se assumirmos que o movimento da taxa preço do Bitcoin é cíclico e a maior baixa recentemente, aconteceu em janeiro de 2019[41], esperar pelo caminho de subida para novas máximas históricas não é difícil de acreditar.

Por isso você precisa pensar em estratégias que forneçam tranquilidade enquanto espera.

Usei minhas opções na hora em que o mercado entrou em pânico por conta da pandemia de Covid-19, renunciando a muitos *bitcoins* perdidos numa posição alavancada, mas garantido minha sobrevivência no ecossistema através da proteção oferecida por *Puts* (opções de venda) estrategicamente posicionadas no meu portfolio, para momentos de pavor — apanhei, mas não morri!

Na crise, acabei buscando alternativas tradicionais de investimento como imóveis, que, naquele momento, estavam muito baratos. Como dizem, os passos largos errados dados por alguém, podem ser excelentes negócios em situações de crise.

Contudo, não deixei de comprar *bitcoins* porque, com a quantidade de dinheiro sem valor que continua entrando no mercado, sob o pretexto de "salvar a economia global", apenas ativos, como o *bitcoin*, terreno/imóvel ou ouro, são

---

[41] A primeira quinzena de março de 2020, a meu ver, deve ser descartada pela ocorrência de um evento externo relevante, a Guerra do Petróleo, e a própria volta em V no preço, o que demonstra isso.

opções inteligentes em longo prazo. A meu ver, necessariamente, haverá uma repreficicação dos ativos escassos que tiveram utilidade real. As planilhas de Excel com números infinitos, em algum momento deverão se ajustar à realidade. Quem tem sede, compra água; quem tem fome, busca grãos. A exuberância irracional da proliferação de números nas planilhas dos bancos centrais, em algum momento, será posta em xeque.

A propósito, Robert Kiyosaki, empresário americano e autor do *best-seller Pai Rico, Pai Pobre*, também tem um ponto de vista semelhante. Em uma situação em que o Federal Reserve dos Estados Unidos declara abertamente uma política de emissão interminável do dólar, não é razoável manter uma moeda regular com você. Afinal, ela será depreciada gradualmente à medida que o governo imprimir novo dinheiro. Aqui está uma citação de Kiyosaki na qual ele expressou sua posição, usando sua conta, no *Twitter*:

> Lição 5. ECONOMIZE DINHEIRO: (...) por que economizar dinheiro quando a falsificação do *QE FED* está imprimindo trilhões de dólares falsos — US$ 82 bilhões de dólares por mês a US$ 125 bilhões de dólares por dia? Por que salvar quando a ZIRP, política de juros zero, paga zero aos perdedores? Economize o dinheiro do deus do ouro ou o dinheiro do Bitcoin[42].

O interesse por criptomoedas está crescendo constantemente, a infraestrutura está se desenvolvendo e mais governos estão começando a regular essa área, de modo que previsões otimistas não parecem mais irrealistas. No cená-

---

[42] KIYOSAKI, Robert (@theRealKiyosaki): "Lição 5. ECONOMIZE DINHEIRO: (...) Por que economizar dinheiro quando a falsificação do *QE FED* está imprimindo trilhões de dólares falsos — US$ 82 bilhões de dólares por mês a US$ 125 bilhões de dólares por dia? Por que salvar quando a ZIRP, política de juros zero, paga zero aos perdedores? Economize o dinheiro do deus do ouro ou o dinheiro do Bitcoin". 1/abril/2020, tweet. Disponível em: <https://twitter.com/theRealKiyosaki/status/1245205778849394688>. Acesso em 17/nov/2020.

rio mais favorável, a demanda por *bitcoin* aumentará muitas vezes nos próximos anos e a oferta diminuirá.

E isso não tem a ver apenas com o *halving*. Muitas moedas já foram perdidas permanentemente em mídias quebradas, ou problemas de acesso dos *tokens*. As "baleias" estão aumentando ativamente sua participação na criptomoeda, portanto, cada vez menos moedas permanecem no domínio público, o que torna o aumento múltiplo em seu valor, bastante justificado e lógico. Caso você esteja duvidando pesquise "*Greyscale* Bitcoin" e verá quantos *bitcoins*, somente esse fundo, está armazenando.

Concluindo, quero agradecer a todos os maravilhosos visionários, *nerds* e empreendedores que estão fazendo o seu melhor, todos os dias, para tornar realidade o sonho inacreditável de um Futuro descentralizado, que quebra barreiras, elimina intermediários e permite que a humanidade dê o próximo passo evolutivo financeiro.

E, a partir de agora, incluo *você* na criação desse novo mundo, cheio de força e otimismo, e sou grato por ter acompanhado um pedaço da minha caminhada, através da leitura deste livro. Espero que, após a leitura, você realmente tenha entendido o que significa:

WE ARE ALL SATOSHIs

Só me resta entregar o "Guia Turístico da Toca do Coelho" que uso e desejar um Bom Futuro!

PARTE IV
GUIA TURÍSTICO DA TOCA DO COELHO

SITES DE INFORMAÇÃO SOBRE O UNIVERSO CRYPTO

Nacionais

Investificar
https://www.investificar.com.br/

Portal do Bitcoin
https://portaldobitcoin.com/

Cointelegraph
https://cointelegraph.com.br/

Internacionais

Coindesk
https://www.coindesk.com/

Cryptoblock
https://www.cryptoblock.news/

SITES DE PREÇO DE *BITCOIN*

Nacionais

Cointrademonitor
https://cointradermonitor.com/

Bitvalor
https://bitvalor.com

Internacionais

Cryptowatch
https://cryptowat.ch/pt-br/

Coin Market Cap
https://coinmarketcap.com/pt-br

CANAIS DO YOUTUBE

Nacionais

Daniel Duarte
https://www.youtube.com/channel/UCQ_b1gdGqySWJEM32ala_yg

Bitcoinheiros
https://www.youtube.com/channel/UCEoSANmneNddweVvUghnfpQ

NOX Bitcoin
https://www.youtube.com/channel/UC5z7CfbdOxOItHYZ3WfKooA

Escola Crypto
https://www.youtube.com/channel/UCONnZWV4idl2xLmecGQNzOQ

UseCryptos
https://www.youtube.com/channel/UCBaSC76TnM8JdoEvs1f9wZw

Internacionais

Venture Coinist
https://www.youtube.com/channel/UCxX8BeqpHQlVJAKoUMYXDOw

BoxMining
https://www.youtube.com/channel/UCxODjeUwZHk3p-7TU-IsDOA

CANAIS DO
YOUTUBE

IMPOSTO DE RENDA NO BRASIL

"Imposto de renda 2020: como declarar bitcoin e outras moedas". *Revista Negócios*:
https://epocanegocios.globo.com/colunas/Financas-de-Bolso/noticia/2020/02/imposto-de-renda-2020-e-preciso-declarar-bitcoin.html#:~:text=As%20moedas%20digitais%20devem%20ser%20declaradas%20na%20aba%20%E2%80%9CBens%20e,n%C3%A3o%20pelo%20valor%20de%20mercado

PROCESS OF REALIZATION
AND EXPANSION

FATOS HISTÓRICOS SOBRE BITCOIN

Projetos Pré-Bitcoin
- Tim May: Crypto Anarchist Manifesto
- Bram Cohen: BitTorrent
- Phil Zimmermann: PGP
- Nick Szabo: BitGold
- David Chaum: DigiCash
- Wei Dai: B-money
- Adam Back: Hashcash
- Hal Finney: Reusable PoW

White Paper Original
https://bitcoin.org/bitcoin.pdf

Manifesto Cypherpunk
https://www.activism.net/cypherpunk/manifesto.html

Linha do Tempo Bitcoin
https://www.lopp.net/bitcoin-information/history.html

História do Bitcoin
http://historyofbitcoin.org/

Half Counter
https://www.bitcoinblockhalf.com/

FATOS HISTÓRICOS
SOBRE BITCOIN

CARTEIRAS

KeepKey
https://shapeshift.com/keepkey

Ledger Nano S
https://shop.ledger.com/products/ledger-nano-s

Trezor
https://trezor.io/

DADOS E INFORMAÇÕES PERIFÉRICAS

Árvore de Merkle
https://pt.wikipedia.org/wiki/%C3%81rvores_de_Merkle

Teoria dos Jogos
https://pt.wikipedia.org/wiki/Teoria_dos_jogos

GLOSSÁRIO BITCOIN[43]

ALTCOIN
Nome dado a moedas alternativas ao *bitcoin*. Exemplo: Litecoin, Dogecoin, Dash etc.

AML
Sigla de Anti-Money Laundering, em português, Anti-Lavagem de Dinheiro, que são técnicas usadas para barrar a lavagem de dinheiro, como receber dinheiro apenas via transferência bancária e do próprio titular da conta, como as *exchanges* brasileiras já fazem.

ASIC
Sigla Application Specific Integrated Circuit, em português, Circuitos Integrado de Aplicação Específica, é um *chip* criado especificamente para realizar uma tarefa. No caso do *bitcoin*, os ASICs foram criados para processar *hash* SHA-256 e minerar *bitcoins*.

ATM
Sigla de Automated Teller Machine, que significa Caixa Eletrônico. No caso do *bitcoin*, as vezes são chamados de BTM,

---

[43] O *Glossário Bitcoin* está sob licença *Creative Commons – Atribuição 4.0 Internacional*. Pode ser copiado, redistribuído, compartilhado ou editado. Créditos: *Site Foxbit*. 2015. Disponível em: https://blog.foxbit.com.br/glossario-bitcoin/. Acesso em 17/nov/2020.

e permitem que os usuários façam compra e venda de *bitcoins* usando dinheiro físico ou cartões de débito.

bitcoin
Iniciando com letra minúscula, representa a unidade monetária do protocolo Bitcoin.

Bitcoin
Iniciando com letra maiúscula, representa o protocolo criado por Satoshi Nakamoto.

BLOCKCHAIN
Cadeia de blocos.

BLOCKCHAIN.INFO
Empresa que oferece serviço de carteira e explorador de blocos, erroneamente confundida com a cadeia de blocos do *bitcoin*.

BLOCK EXPLORER
Um Block Explorer ou Blockchain *browser*, é um *site* ou programa de computador que permite visualizar e navegar pelo Blockchain do *bitcoin* e de outras criptomoedas. Os Block Explorer mostram, de forma amigável e legível ao ser humano, todas as transações, endereços, blocos e outras informações do Blockchain[44].

BLOCO GÊNESIS
O primeiro bloco do *bitcoin*, minerado por Satoshi Nakamoto.

Traz a mensagem "The Times 03/Jan/2009 *Chancellor on brink of second bailout for banks*", referente à manchete do jornal *The Times* do dia 3 de janeiro de 2009.

---

[44] Exemplos: https://www.Blockchain.info ou https://www.blocktrail.com/BTC. Ambos os acessos em 17/nov/2020.

BTC
Abreviação da unidade monetária do *bitcoin*.

CPU
Sigla de Central Processing Unit, em português, Unidade Central de Processamento, é o cérebro do computador, onde a maior parte dos cálculos é feito. No início do *bitcoin*, era utilizado para minerar, porém, com o avanço das GPUs e, posteriormente, dos ASICs, ficou para trás.

DDOS
Sigla de Distributed Denial of Service, em português, Ataque Distribuído de Negação de Serviços, é um ataque que utiliza um grande número de computadores sob o controle de um atacante para enviar pequenas quantidades de tráfegos pela *Internet* com o objetivo de congestionar o acesso e drenar recursos de um servidor alvo.

DUST TRANSACTION
Transação com uma pequena quantidade de *bitcoins*, com baixo valor financeiro, mas que ocupa espaço no Blockchain. Na versão 0.8.2 do Bitcoin-Qt, a equipe de *core-developers* definiu como *dust transaction* uma transação com *output* menor que 5.46 uBTC, cerca de R$0,007 reais.

ENDEREÇO VANITY
Um endereço *bitcoin* personalizado, criado usando o Vanitygen[45].

ESCROW
Nome dado ao ato de manter fundos em posse de terceiros, a fim de proteger durante uma operação.

Exemplo: João tem *bitcoins* e Maria tem reais, eles querem negociar, mas não se conhecem muito bem, no entanto, ambos confiam em Carlos. João envia os *bitcoins* para Carlos, Maria

---

[45] Exemplo: 1FoXBiT54xSBqRQ6Pkh9eiuw9KgG8ixUn2. Acesso em 17/nov/2020.

envia os reais para João e, se tudo der certo, Carlos envia os *bitcoins* para Maria. O Carlos fez o *escrow* da negociação.

EXCHANGE
Local utilizado para troca entre moedas e outros ativos. *Exchange* de *bitcoins* são utilizadas para trocar *bitcoin* por moedas *fiat* ou outras criptomoedas.

FORK
Cópia da Blockchain atual da criptomoeda para criar uma nova moeda. Exemplo comum: Bitcoin Cash é um Fork do Bitcoin.

GIGAHASHES/SEC – GH/S
O número de *hashing* possível em um segundo, medido em bilhões de *hashes*.

GPU
Sigla de Graphical Processing Unit, em português, Unidade de Processamento Gráfico, é um *chip* projetado especificamente para processar cálculos matemáticos complexos, necessário para rodar jogos e *softwares* que utilizam muitos recursos gráficos. A GPU foi muito utilizada na mineração de *bitcoin*, devido ao alto poder de processamento de *hashes*, porém perdeu lugar para os ASICs. Ainda é muito utilizada para minerar *altcoins* com criptografia diferente de SHA-256 e Scrypt.

HASH RATE
Número de *hashes* processados por um minerador em um determinado período de tempo.

HODLER
Um erro de escrita feito por um usuário do fórum Bitcoin Talk, que escreveu a palavra "*hold*" de forma errada. *Hodler* é uma pessoa que não vende e segura seus *bitcoins* na maior parte do tempo.

INPUT
Endereço origem de uma transação *bitcoin*. Uma única transação pode ter múltiplos endereços de origem.

KILOHASHES/SEC – KH/S
Número de tentativas possíveis de resolver um *hash* em um dado segundo, medido em milhares de *hashes*.

KYC
Sigla de Know Your Customer, em português, "Conheça o seu Cliente"; são políticas que instituições governamentais impõe a empresas para assegurar quem conhecem com quem estão fazendo negócios, ou seja, têm dados e documentos de seus clientes.

LITECOIN – LTC
Altcoin que utiliza Proof of Work e é baseada na função Scrypt. No início, era resistente a ASICs, o que a fez ser conhecida como a prata das criptomoedas, atrás apenas do ouro, o *bitcoin*.

LIQUIDEZ
Capacidade de comprar ou vender um ativo facilmente, mesmo em grandes quantidades.

MEGAHASHES/SEC – MH/S
Número de tentativas possíveis de resolver um *hash* em um dado segundo, medido em milhões de *hashes*.

MICROBIT – UBTC
Milionésima parte de um *bitcoin* ou 0.000001 BTC.

MILIBIT – MBTC
Milésima parte de um bitcoin ou 0.001 BTC.

MINERAR
Ato de gerar novos *bitcoins* resolvendo problemas criptográficos com um computador ou *hardware* específico.

MIXER
Serviço utilizado para embaralhar *input* e *output* de transações, a fim de manter a privacidade e diminuir o nível de rastreamento.

MOEDA *FIAT*
Título não lastreado em nenhum metal precioso, tem valor devido à confiança que as pessoas/instituições dão a ele. Dólar, Euro, Real, são todas moedas fiduciárias.

NÓ
Dispositivo conectado à rede *bitcoin* que utiliza um programa de computador para retransmitir transações para outros Nós, criando uma rede descentralizada.

OUTPUT
Endereço destino de uma transação *bitcoin*. É possível que uma transação tenha múltiplos *outputs*.

POOL
Coleção de mineradores que se agrupam para minerar coletivamente um bloco, e depois dividir a recompensa entre eles. *Pools* de mineração são uma ótima maneira para aumentar a probabilidade de êxito conforme a dificuldade aumenta.

QR CODE
Código de barras bidimensional que pode ser convertido em texto, URL, número de telefone, geolocalização etc. É muito utilizado para codificar e facilitar a leitura de chaves privadas e endereços *bitcoin*, por ser facilmente escaneado usando a maioria dos telefones celulares equipados com câmera.

SWAP
Troca de moedas de uma tecnologia para outra, isso é, a equipe de desenvolvimento decide utilizar outra tecnologia de Blockchain para a criptomoeda, então eles criam a nova

moeda em outra Blockchain em que fazem a troca (*swap*) das moedas antigas pela nova. Um exemplo foi o *swap* da *pac coin*, que aconteceu de 1000:1, isto é, para cada mil moedas que o usuário tivesse, ele poderia trocar por uma da nova moeda.

STAKE
Stake em Proof of Stake (PoS), significa "prova de participação", isso é, você precisa ser detentor de algumas moedas para participar do consenso da rede. Este modelo é comum em Decred onde a prova de consenso PoS permite que os detentores de moedas votem em melhorias na rede e recebam taxas por "*holdarem*" a moeda.

SATOSHI
Menor divisão de um *bitcoin* (0.00000001BTC).

SATOSHI NAKAMOTO
Pseudônimo usado pelo criador do Bitcoin.

SCAMCOIN
Altcoin criada com objetivos de dar golpe nos usuários e enriquecer os criadores, seja com *pump-and-dump* ou pré--mineração.

SCRYPT
Criptografia alternativa ao Proof of Work do *bitcoin* (SHA-256), designada para ser mais utilizada por CPUs e GPUs, oferecendo uma resistência aos ASICs.

SEPA
Sigla de Single European Payments Area, é um sistema de pagamento integrado entre os países da zona do Euro, que permite você transferir fundos entre bancos e países diferentes. A operação de transferência é semelhante ao TED/DOC que temos no Brasil, mas no caso da SEPA, engloba todos os países que utilizam o Euro.

SHA-256
Função matemática do tipo *hash* utilizando no *bitcoin* em diversos contextos, inclusive durante o processo de mineração.

TAXA DE TRANSAÇÃO
Também conhecida como *transaction fee* ou *mining fee*, é uma pequena taxa necessária para uma transação ser processada pelos mineradores.

TERAHASHES/SEC – TH/S
Número de tentativas possíveis de resolver um *hash* em um dado segundo, medido em trilhões de *hashes* (TH/s).

TESTNET
Uma rede alternativa ao *bitcoin* usada para testes.

TOR
Sigla de The Onion Router, em português, o Roteador Cebola, é um protocolo de roteamento, usado por pessoas que querem manter sua privacidade na rede.

VOLATILIDADE
Medida dos movimentos de preços ao longo do tempo para um ativo financeiro, incluindo o *bitcoin*.

XBT
Código ISO 4217 não oficial para representar a unidade monetária do *bitcoin*.

GLOSSÁRIO TRADER PARA BITCOINERS

ÁGIO
Prêmio entre o preço do Dólar e o preço do Dólar em Bitcoin. Ou seja, na cotação do Bitcoin, o Dólar está mais alto no que no mercado tradicional. Se for o inverso, ocorre então um "deságio". Exemplo: Bitcoin a 10 mil dólares e o Dólar a 5 reais no mercado tradicional, o preço neutro seria 50 mil reais.

Abaixo disso há deságio; acima, ágio.

ALTCOINS
Qualquer Token/Moeda que não seja Bitcoin.

ALAVANCAGEM
Não queira nem saber o que é isso: no mercado Cripto tradar alavancado é EXTREMAMENTE perigoso.

ARBITRAGEM
Arbitrar é usar a diferença de preço entre corretoras. Por exemplo, na Nox Bitcoin o preço é de 50 mil reais, na Mercado Bitcoin 51 mil reais. Você compraria na Nox e venderia no Mercado Bitcoin, ganhando mil reais nessa diferença.

BALEIA
Detentor de grande quantidade de determinado ativo. No caso do Bitcoin tende a ser aqueles investidores que compraram nos primórdios da moeda, e por isso mesmo têm muitos Bitcoins — fator que possibilita a eles até mesmo a manipulação do Mercado.

BEARISH
Cenário no qual o ativo está caindo. Esse nome deriva do desenho parecido com uma patada de um urso — *Bear* em inglês.

BULLISH
Cenário no qual o ativo está subindo. Esse nome, como no caso anterior, também deriva de um desenho, no entanto, agora, parecido com uma chifrada de touro — *Bull* em inglês.

DAY TRADER
Indivíduo tolo que pensa que ficar olhando gráficos a todo instante, comprando e vendendo sem parar, lhe trará dinheiro.

DUMP
Queda de preço num movimento muito rápido.

EXCHANGE
Local no qual as pessoas colocam ordens de compra e venda — trata-se de um intermediário que facilita o processo para vendedores e compradores.

FEES
Taxas — puro e simples.

HODL
Gíria de Bitcoiners; nasceu após um bêbado entrar no Bitcoin Talk e tentar digitar HOLD.

HOLD
Segurar a criptomoeda imaginando a sua valorização a longo prazo.

ICO
Oferta inicial de um novo ativo do Mundo Cripto. Aconteceu muito em 2017.

LENDING
Empréstimo de ativos. Segue o mesmo princípio que ocorre nas Bolsas.

LONG
Comprar determinada moeda usando alavancagem.

PROFIT
Lucro — puro e simples também.

PUMP
Quando o preço sobe muito rápido.

SHORT
Vender determinada moeda usando alavancagem.

SPREAD
Espaço entre o preço de compra e o preço de venda no livro de ordens (pode ser visualizado como um *gap* entre o verde e o vermelho no *market depht*).

STOP-LIMIT ou apenas STOP
Tipo de ordem de compra ou venda que é "ativada" após o gráfico atingir um valor determinado. Por exemplo: vender por 0.01 se o gráfico atingir 0.011.

BIBLIOGRAFIA[46]

AMARO, Lorena. "Caixas eletrônicos de Bitcoin ultrapassam seis mil unidades e atingem marca histórica". *Cripto Fácil*, 2019. Disponível em: https://www.criptofacil.com/caixas-eletronicos-de-Bitcoin-ultrapassam-6-mil-unidades-e-atingem-marca-historica/

BACK, Adam. "HashCash – A Denial of Service Counter-Measure". *Research Gate*, 2002. Disponível em: https://www.researchgate.net/publication/2482110_Hashcash_-_A_Denial_of_Service_Counter-Measure

BINANCE ACADEMY. "O que é Lightning Network?" Disponível em: https://www.binance.vision/pt/*Blockchain*/what-is-lightning-network

BITCOIN. "Algumas palavras Bitcoin talvez você ouça". Disponível em: https://bitcoin.org/pt_BR/vocabulario

BITMASSAGE WIKI. "Proof of Work". Disponível em: https://wiki.bitmessage.org/index.php/Proof_of_work

FRIEDMAN, Milton. "Milton Friedman predicts the rise of Bitcoin in 1999!" *Canal Coin Republic*, 2013. (0:53) *YouTube*. Disponível em: https://www.youtube.com/watch?v=6MnQJFEVY7s

HARDIN, Garrett. "The Tragedy of the Commons". *Science Mag*. Disponível em: https://science.sciencemag.org/content/162/3859/1243

HARDIN, Garrett. "Tragedy of the Commons". *The Library of Economics and Liberty*. Disponível em: https://www.econlib.org/library/Enc/TragedyoftheCommons.html

HUGHES, Eric. *A Cypherpunk's Manifesto*. Disponível em: https://www.activism.net/cypherpunk/manifesto.html

---

[46] Todos os acessos da Bibliografia feitos ou refeitos entre 20 e 21/nov/2020.

NAKAMOTO, Satoshi. "Bitcoin: A Peer-to-Peer Electronic Cash System". Disponível em: https://bitcoin.org/bitcoin.pdf

OWEN, Shawn. "Worried about your data privacy? Blockchain could help you". *Fortune*, 2018. Disponível em: http://fortune.com/2018/06/27/facebook-data-privacy-*Blockchain*/

ZMOGINSKI, Felipe. "China cria criptomoeda própria e avança para matar o dinheiro em papel". *TILT*, 2020. Disponível em: https://copyfromchina.blogosfera.uol.com.br/2020/04/29/china-cria-criptomoeda-propria-e-ameaca-a-existencia-do-dinheiro-em-papel/?cmpid=copiaecola

Sites

BITCOINPRICEMAP.COM. Disponível em: http://bitcoinpricemap.com
COIN ATM RADAR. Disponível em: https://coinatmradar.com
COIN MAP. Disponível em: www.coinmap.org

Tweets

@*Blockchain*inpser. (s.d.). Fonte: Insper Educação Executiva Online. Disponível em: https://www.insper.edu.br/

KIYOSAKI, Robert (@theRealKiyosaki): "Lição 5. ECONOMIZE DINHEIRO: "(...) Por que economizar dinheiro quando a falsificação do *QE FED* está imprimindo trilhões de dólares falsos — US$ 82 bilhões de dólares por mês a US$ 125 bilhões de dólares por dia? Por que salvar quando a ZIRP, política de juros zero, paga zero aos perdedores? Economize o dinheiro do deus do ouro ou o dinheiro do Bitcoin". 1/abril/2020.

MUSK, Elon. (@elonmusk): "A emissão maciça de moeda pelos Bancos Centrais do governo está fazendo com que o bitcoin pareça sólido em comparação".

<https://twitter.com/elonmusk/status/1261416824459030529>. Acesso em: 21/outubro/2020.

ROWLING, J. K. (@jk_rowling): "As pessoas agora estão me explicando o Bitcoin e, honestamente, são colecionáveis blá blá blá (My Little Pony?) Computadores blá blá blá (tenho um desses) blá blá blá crypto (soa assustador) blá blá blá entenda o risco (eu não)".

<https://twitter.com/jk_rowling/status/1261396891784413185>. Acesso em 21/out/2020.

POSFÁCIO

Escrever o posfácio de uma história que continua a se desenrolar a cada dia é uma tarefa um tanto quanto perecível. Mas se você chegou até aqui, depois de ler este livro inspirador, tenho certeza que a mensagem que irei transmitir a partir de agora irá lhe fazer entender um pouco mais sobre Bitcoin e também sobre o autor deste livro, o Daniel Duarte.

Em 2012, o termo "Bitcoin" chegou por acaso aos meus ouvidos pela primeira vez. Assim como para a maioria das pessoas, o conceito de um dinheiro digital global e resistente à censura soou, em um primeiro momento, complexo demais.

Ainda que eu tivesse terminado poucos meses antes um mestrado em ciência da computação, entender a tecnologia criada por Satoshi Nakamoto não foi fácil, especialmente porque à época existiam poucas fontes confiáveis de informação sobre o assunto. Basicamente dizendo, aqueles que queriam aprender mais, precisavam aprender tudo sozinho.

No ano seguinte ganhei uma bolsa para estudar na Singularity University, organização que fica situada no centro de pesquisas da NASA, na Califórinia. Fui para lá com o objetivo de aprender sobre temas que me eram muito próximos, como tecnologia, inovação e futurismo. De imediato, as ideias do fundador da escola, o empreendedor Peter Diamandis, me fizeram conectar os pontos: o Bitcoin tinha tudo a ver com o conceito de tecnologias exponenciais.

Quando voltei ao Brasil, comecei a estudar o ecossistema das criptomoedas alucinadamente. No começo de 2014, modéstia à parte, eu era um dos brasileiros que mais entendia sobre o assunto no país. Não por acaso comecei a dar aulas sobre Bitcoin e crypto no primeiro curso do Brasil, oferecido pela renomada FIAP, em São Paulo.

Em paralelo, dentro de mim, havia uma grande vontade de empreender nesse mercado. Minha primeira iniciativa foi a de lançar um *gateway* de pagamento, que acabou não dando muito certo. Continuei a dar aulas e a fazer palestras até que fui convidado por dois alunos meus a me juntar a eles naquela que pode ser considerada a primeira grande empresa de criptomoedas do Brasil, a *exchange* Foxbit.

Quando cheguei por lá, a empresa ainda era bem pequena e o faturamento era irrisório. Em pouco tempo, principalmente devido ao ciclo altista do Bitcoin, em 2017, experimentamos um crescimento meteórico. Uma das expansões mais rápidas já obtidas por uma "startup de garagem" no Brasil, como era o caso da Foxbit.

No meio do furacão de alta do preço do Bitcoin em 2017, recebi em agosto um convite da XP Investimentos para ser o *head* das operações de criptomoedas da corretora. Aceitei o desafio. Contudo, não demorou muito tempo para eu perceber que a questão regulatória, ou melhor, a ausência de uma regulação clara e precisa para esse mercado no Brasil, seria um grande entrave para o desenvolvimento das minhas atividades. Além disso, ficou muito claro para mim que empreender era muito mais desafiador e alinhado com meus propósitos do que ser empregado em uma grande empresa.

Decidi sair da XP no final do ano e passei por um período de no *competing*, no qual eu não podia trabalhar com nada relacionado ao mercado crypto. Foi um período excelente, pois eu pude me aprofundar em pesquisas no mercado e começar a desenhar mentalmente os meus próximos passos nesse setor.

Foi justamente nessa fase que passei a conversar mais e a conhecer o Daniel Duarte de verdade. Ele já me conhecia desde quando eu estava na Foxbit; mas foi no primeiro trimestre de 2018 que tivemos uma conversa maravilhosa. Conheci poucas pessoas que compartilhassem ideias tão alinhadas com as minhas e que tivesse de fato um sucesso nesse mercado de Bitcoin.

Daniel foi uma das pouquíssimas pessoas no Brasil que conseguiu ter uma leitura e entendimento dos ciclos do mercado de Bitcoin. Ele é definitivamente um *trader* de ciclos. Eu acompanhei isso bem de perto, pois ele comprava e vendia bitcoin comigo antes de nos aproximarmos.

Fui testemunha ocular de quando Daniel comprou Bitcoin a R$ 3 mil reais. Acompanhei também quando ele desfez a posição em torno dos R$ 60 mil. Depois, vi ele recomprando a posição quando o Bitcoin estava em torno de R$24 mil para depois realizar em torno dos R$50 mil. E eram sempre compras grandes, bastante significativas. Daniel é um trader que consegue ler os sinais corretos do mercado e filtrar bem aquilo que é ruído.

Quando nos aproximamos em 2018, começamos a fazer pesquisa juntos, tentando entender a melhor forma de ler os sinais. Chegamos a montar em conjunto um laboratório focado em análise de dados sobre criptomoedas, a fim entender quais tipos de dados poderíamos observar para realizar predição de preços.

Algumas dessas pesquisas não deram tão certo. Daniel resolveu se afastar para dar uma volta ao mundo. Naquele momento, ele não estava com tanto interesse em ficar olhando o mercado nos micros detalhes. Enquanto ele viajava pelo mundo, eu continuei avançando nas pesquisas.

No segundo semestre de 2018, fundei a Nox Bitcoin. No início, o objetivo era somente fazer gestão de capital próprio.

Criei a empresa para fazer *market making* e operações de *tranding* com o meu capital. Mas com o tempo as coisas foram evoluindo e em 2019 a gente resolveu começar a desenhar uma plataforma de negociação com foco em desenvolvimento de robôs de trading.

Em 2020, quando o Daniel voltou ao Brasil, ele percebeu que era o momento de retornar ao mercado até porque eventos importantes para o Bitcoin estavam por vir, como o Halving.

No começo do ano, ele me chamou para apresentar o canal no Youtube que ele estava começando. A ideia dele era desenvolver um trabalho educacional parecido com o que ele já havia feito em 2016. Inclusive, naquela época, alguns dos alunos dele souberam aproveitar bem os ciclos de mercado e ganharam muito dinheiro com os ensinamentos do Daniel.

Voltamos a nos aproximar e ele se interessou bastante no trabalho que eu e minha equipe estávamos desenvolvendo na Nox. Foi aí que ele decidiu entrar como sócio na empresa e fez um aporte de R$ 600 mil. Hoje, ele é um sócio-investidor e conselheiro da empresa.

O principal driver para os ciclos do Bitcoin é a confiança que o mercado possui na tecnologia. Então, existem esses efeitos de manada e quando o Bitcoin começa a subir, as pessoas criam uma expectativa exagerada a respeito do preço. Ao mesmo passo, quando o preço começa a cair, a tendência é que as pessoas criem uma perspectiva exageradamente pessimista sobre os ativos. E é justamente nessa hora que entra o *feeling* do Daniel. É excelente ter alguém como Daniel por perto, alguém que sabe ler tão bem os ciclos de mercado.

João Paulo Oliveira

ÍNDICE REMISSIVO E ONOMÁSTICO

A
"Admirável Mundo Novo",182
Admirável Mundo Novo, de Aldous Huxley, 53
África, 36, 43
Alemanha, 96
Alice no País das Maravilhas, de Lewis Carroll, 31
All Time High, 189
All Time Low, 189
Altcoins, 32, 164, 173-74, 216, 221
América do Norte, 36
América Latina, 36
Arpanet, 136
Árvore de Merkle, 79, 211
Ásia, 36, 43, 46
Atenas, 44
Atlas e seus *Bots* do Harry Potter, 165
Auer, Raphael, 96

B
Back, Adam, 73-74, 159, 207
"Bancas" italianas, 46
Banco Central americano, 47, 96
Banco Central brasileiro, 18
Banco Central da Índia, 151
Banco do Povo da China (BPC), 96
Banco Santos, 146
Beatles, The, 105
Big Short, The (*A Grande Aposta*), de Adam McKay, 32
Binance Academy, 158
Binance, 152
Bitcambio, 123
Bitcoin: A peer-to-peer electronic cash system, 53
Bitcoin Core, 80
Bitcoin Foundation, 161
Bitcoin: Um sistema de dinheiro eletrônico ponto a ponto, whitepaper de Satoshi Nakamoto, 67
Bitcoin Lite, 79
Bitcoin Price Map, 124
Bitcoin Talk, 54, 56, 106, 118, 216, 222
Bitcoin Trade, 123
Bitcon ATMs, 36
Bitmain, 161
BitMEX (Bolsa de Derivativos de Criptomoedas), 158, 161
Blockchain, 16, 20, 61, 70, 74, 76-78, 80, 82, 86, 93, 97-98, 100, 138, 152, 158-59, 163-64, 182, 191, 214, 216, 218-19
Blockstream, 152, 159, 161
Blockstream Explorer, 159
Blockstream Green, 159
Blockstream Mining, 159
Blockstream Satellite, 159
Bolívia, 140
BTC, sigla para Bitcoin, 35, 214, 217
Bullying pré-adolescente, 23

C
Califórnia, 160
Calls, 164
Canadá, 159, 165
Carroll, Lewis (1932-1898), pseudônimo de Charles Lutwidge Dodgson, 31
Censo dos Estados Unidos, 100
Central Intelligente Agency (CIA), 54
Chaincode Labs, 61
Chainsmokers, The & Coldplay, 117
Chaum, David, 193, 207

Chicago, 174
China, 45, 96-97, 121, 137, 173, 185, 191
Chow, Andrew, 161
Cidade da Guatemala, 32
Coin ATM Radar, 36, 226
Coinbase, 77
Coin Map, 98, 226
Cointelegraph, 36
Cold Wallet, 110
Conrado, Fernando, 180-81
Consórcio *libra/calibra*, 191
Constituição Federal brasileira, 55
Contos de Nasrudin, 85
Corallo, Matt, 161
Corey, Campos, 161
Correios, 71
Corretora CME de Chicago, 174
Covid-19, 55, 98, 150, 194
Craigslist, 183
Crash de Março de 2020, 128
"Craudião Maluqueza", 165
Credit Suisse, 93
"Curso Forçado do Dinheiro", 184

D
Daftuar, Suhas, 161
DeepWeb, 33
Departamento Monetário e Econômico do Bank for International Settlements (BIS), 96
Desnacionalização do Dinheiro, A, de Friedrich A. von Hayek, 47, 193
DigiCash, 207
"Digital *renminbi*", 96
Dinheiro 3.0, 24-25, 41, 49, 113
Di Paolino, Capri, 180
Direito da USP, 55, 138
Dobson, Samuel, 161
Dorsey, Jack Patrick (1976-), 160-61
Dryja, Thaddeus, 158

E
eBay, 185
E-krona, 137
Elements, 159
Era Cenozoica da *Internet*, 135
Era da Verdade, 61
Era do Comércio Eletrônico, 68
Escola Austríaca de Economia, 16, 32
Esquema Madoff, 146
Estados Unidos, 18-19, 32, 34, 46-48, 57, 61-62, 100, 105, 124, 140, 150, 152, 159-60, 184, 195

Ethereum, 164, 184-85
Europa, 13, 36, 45, 110, 150, 152
Everybody wants to rule the world, do Tears for Fears, 135

F
"Faça-se a Luz", 53
Facebook, 191
Faculdade de Administração de Empresas da Fundação Getúlio Vargas, 55
Falke, Marco, 161
Farol de Capri, 180
Federal Bureau os Investigation (FBI), 63, 140-41
Federal Reserve (FED), 47, 97, 150, 192, 195
Feed de Dados de Criptomoedas, 159
Fiat money, 41
Finney, Hal, 57-58, 207
Flórida, 106
Forbes, 62, 94
Ford, Michael, 161
Forrest Gump, de Robert Zemeckis, 55
Foxbit, 123
Frequently Asked Questions (FAQ), 112
Friedman, Milton (1912–2006), 192-94

G
Gates III, William "Bill" Henry (1955-), 69
General Data Protection Regulation (GDPR), 136
Gênese bíblica, 53
Genova, 46
Google, 136, 146
Graeber, David (1961-2020), 42
Grande Aposta, A, de Adam McKay, 32, 145, 171
Grande Depressão, 47
Grécia Antiga, 44
Green, Matt (1976-), 62
"*Greyscale* Bitcoin", 196
Guerra da Síria, 164
Guerra do Petróleo, 194
"Guia Turístico da Toca do Coelho", 87, 107, 111, 141, 196

H
Hackers, 54, 97
Halving de 2020, 35, 192
Hanic, Laszlo, 106
Harari, Yuval Noah (1976-), 41, 48
Hardin, Garrett (1915-2003), 139
Harry Potter, personagem de J. K. Rowling, 23, 60, 165

Hashcash, 73-74, 159, 207
Hayek, Friedrich August von (1899-1992), 47, 157, 193
Himalaia, 181
Hitler, Adolf (1889-1945), 140
Hodl (*Hold On for your Dear Life*), *hodler*, 118, 130, 216, 222
Hollywood, 179
Hong Kong, 34
Hot Wallet, 110
Hughes, Eric, 136
Huxley, Aldous, 53

I
Ifood, 163
Ilha de Capri, 179-81
Império Mongol, 45
Imposto sobre Operações Financeiras (IOF), 34, 37
Índia, 141, 151, 166
Initial Coin Offering (ICO), 184
Instagram, 181
Institutos Liberais Internacionais, 33
Internet Relay Chat (IRC), 106
Irã, 141
Itália, 46, 180

J
Janofsky, Russell, 161
Japão, 18, 57, 96, 99, 141, 151
Jaspion, personagem de *animes* japoneses, 57
Jobs, Steven Paul (1955-2011), 67
Johns Hopkins University, 62
JS8call, 152

K
Kiyosaki, Robert (1947-), 195
Kleiman, David (1967-2013), 58

L
Laan, Vladimir van der, 161
Largo São Francisco, São Paulo, 55
Latin America Investment Conference (LAIC), 93
Ledger, 111, 209
Lei do Retorno, 182
Lerner, Sergio, 63
Lewis, Michael (1960-), 32
Lightning Development Kit (LDK), 161
Lightning Network (LN) ou Rede de Relâmpagos, 147, 158-60
"Linha de Código do Bitcoin", 69

Litecoin, 96, 213, 217
LiveCoins, 166
Lloyd, William Forster (1794-1852), 139
Local Bitcoin, 123

M
Magnotto, Luka, 100-01
Manifesto Cypherpunk, 67, 135-36, 207
Marco Civil da Internet, 136, 141
Marco Polo (1254-1324), 45
Matrix, de Lilly e Lana Wachowski, 93
McCormack, Peter, 59
McKay, Adam (1968-), 32, 145, 171
Mercado Bitcoin, 123
Mercado Peer to Peer (P2P), 123
Mesopotâmia, 43
MI-6, 61
Microsoft, 136
"Mineração", 76, 78
Mises, Ludwig Heinrich Edler von (1881-1973), 21 189
MIT DCI, 161
Morcos, Alex, 161
Musk, Elon (1971-), 60

N
Nakamoto, Dorian Satoshi, 57
Nakamoto, Satoshi, pseudônimo do criador do Bitcoin, 16, 19, 49, 53-54, 56-62, 67, 97, 135, 148, 163, 183, 192, 214, 219
Nash, John (1928-2015), 141
Nasser, Ray, 86
National Secutiry Agency (NSA), 54-55, 61, 63, 70
Navalha de Ockham, 25
Negocie Coins, 165
Neo, personagem de *Matrix*, 93
Newbury, John, 161
New Liberty Standard, 189
Newsweek, 57
Nixon, Richard Milhous (1913-1994), 37º presidente dos Estados Unidos da América, 47-48, 193
Node versus Full Node, 80
Novi, novo nome do *libra/calibra*, 191

O
Olimpíada de Matemática do Colégio Magno, 23
Open Source, 161
Operação Lava Jato, 55
Organização das Nações Unidas (ONU), 100

P
P2P Foundation, 57, 76, 123, 158
Pai Rico, Pai Pobre, de Robert Kiyosaki, 195
Papel-moeda, 45, 47-48, 96, 137
PayPal, 68, 165
Pequim, 45
Pfeffer, John, 161
Pizzaria Papa Johns, 106
Plano Collor, de 1992, 46
Pleistoceno, 42
Poon, Joseph, 158
Prêmio Nobel, 192
"Processos de Mercado", 33
Puts, 164, 194

Q
QuadrigaCX, 165
Quirguistão, 140, 165

R
Reclame Aqui, 109
Reddit, 100-01
Rede P2P, 76
Rede Tor, 33
Reino Unido, 18, 61
Reserva Internacional de Liquidez, 141
Revolution 1, dos Beatles, 105
Ripple, 96
Roosevelt, Franklin Delano (1882-1945), 32º presidente dos Estados Unidos da América, 47, 57
Rosa, Felipe, 33
Rowling, J. K. (1965-), 60

S
San Francisco, 62
Santiago de Compostela, 33
São Paulo, 23, 55, 228
Sapiens: a brief History of Humankind, de Yuval Noah Harari, 41, 48
Satoshis, 58, 81, 130, 146, 196
Schnelli, Jonas, 161
Segunda Camada de Registros das Transações do Bitcoin, 158
Segunda Guerra Mundial, 140
Silk Road, ou "Rota da Seda", 33
Singapura, 174
Sistema Solar Crypto, 60, 94-95
Skype, 107
Snowden, Edward (1983-), 70
Something Just Like This, de The Chainsmokers & Coldplay, 117
Spotify, 136
Square Crypto, 160-61

Sturdivant, Jeremy, 106
Suécia, 137
Suíça, 96
Szabo, Nick, 57-58, 207

T
Tapscott, Dan, 73
Tears for Fears, 135
Teoria de Probabilidades, 67
Teoria dos Jogos de John Nash, 141, 211
"Teoria Monetária", 33
Tesla Motors, 15, 60
Topo do Mundo, 179, 181, 186
Trading de bitcoin, 118
Trezor, 111, 209
Trump, Donald John (1946-), 45º presidente dos Estados Unidos da América, 34, 105
Turing, Alan Mathison (1912-1954), 140

U
Uber, 185
Uganda, 43
União Europeia, 136
Unick Forex, 165
Universidade de Toronto, 73
Universidade do Novo México, 149
Universidade Francisco Marroquín, 32

V
Vale do Silício, 34
V de Vingança, de James McTeigue, 58
Velho Oeste, 112, 185
Veneza, 46
Venture Capital, 173, 203
VISA, 68

W
Wikinomics: Como a Colaboração em Massa Pode Mudar o seu Negócio, de Dan Tapscott, 73
Will, Peter, 161
Wired, 58
Wright, Craig (1970-), 58-59

X
Xangai, 45
XP, 34-35, 228

Y
Yu, Ben (1986-), 62

Z
Zona do Euro, 18, 219

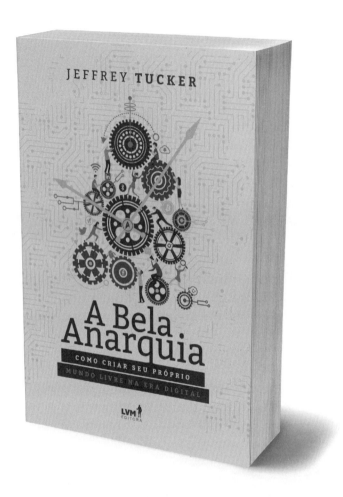

A Bela Anarquia é o hino rapsódico de Jeffrey Tucker sobre o maravilhoso período de inovações em que vivemos, além de um chamado para usarmos as ferramentas tecnológicas como instrumento para ampliar a liberdade humana e acabar com a dependência das pessoas em relação aos poderes coercitivos estatais. A obra cobre os usos das mídias sociais, a obsolescência do Estado-nação, o modo como o governo está destruindo o mundo físico, o papel do comércio na salvação da humanidade, as depredações da política monetária governamentais e o mal da guerra, bem como a mentira da segurança nacional e o papel das sociedades privadas como agentes de libertação. É um livro atual, conciso e anedótico.

O padre Robert A. Sirico, em *O Chamado do Empreendedor*, mostra que virtude, fé, caráter e demais temáticas morais, estão longe de contradizerem o empreendedorismo. Com um cuidado primoroso em não macular os ensinamentos da doutrina católica, Sirico não deixa, todavia, de explanar que o livre mercado pode ser uma via de virtudes, sabedorias e autoconhecimentos. O livro em questão se transforma em uma enorme distopia clerical ante os purpurados que abraçam o socialismo como modelo sacrossanto de sociedade; ter um padre defendendo o livre mercado com tamanha capacidade e competência, nos fará repensar o que realmente é caridade e o que é tão somente assistencialismo e idolatria ao fracasso econômico e social. Além do prefácio original de William E. LaMothe, a presente edição inclui uma apresentação de Adolpho Lindenberg e um posfácio de Antonio Cabrera. Os três autores são cristãos e empreendedores cujos testemunhos corroboram a análise do padre Robert Sirico.

Liberdade, Valores e Mercado são os princípios que orientam a LVM Editora na missão de publicar obras de renomados autores brasileiros e estrangeiros nas áreas de Filosofia, História, Ciências Sociais e Economia. Merecem destaque no catálogo da LVM Editora os títulos da Coleção von Mises, que será composta pelas obras completas, em língua portuguesa, do economista austríaco Ludwig von Mises (1881-1973) em edições críticas, acrescidas de apresentações, prefácios e posfácios escritos por especialistas, além de notas do editor.

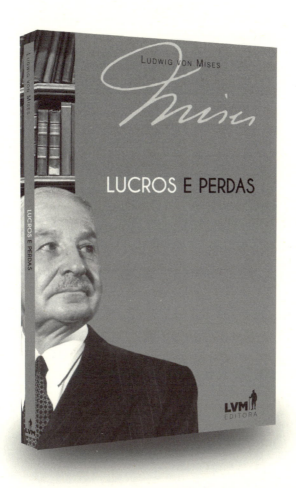

Lucros e Perdas é conferência ministrada em 1951 por Ludwig von Mises, no encontro da Mont Pelerin Society, realizado na França. Dentre os temas abordados estão a natureza econômica dos lucros e das perdas, a condenação dos lucros com a proposta de abolição dos mesmos, e a alternativa oferecida pelo livre mercado. O livro reúne também um ensaio do autor sobre a questão da igualdade e da desigualdade. Nesta edição foram inclusos uma apresentação de Jim Powell, uma introdução de Robert A. Sirico, um prefácio de Antony Mueller e um posfácio de Hans-Hermann Hoppe.

Acompanhe a LVM nas redes sociais

https://www.instagram.com/lvmeditora/
https://www.facebook.com/LVMeditora
https://twitter.com/lvmeditora
https://www.linkedin.com/company/lvm-editora/

Esta obra foi composta pela BR75
nas famílias tipográficas Georgia, Montserrat e Avalon
em dezembro de 2020 e impressa em março de 2021
pela Rettec Artes Gráficas e Editora Ltda para o LVM Editora